月读「史记」

春秋篇

30天读30人

三石五 编著

上海交通大学出版社
SHANGHAI JIAO TONG UNIVERSITY PRESS

内容提要

本书从《史记》中选取春秋时期具有代表性的人物,从人物故事、文化常识、原文选读等几个方面选编内容,让读者对这些人物有一个全方位的认识。本书是"月读《史记》"系列的第一册书,带领读者每天"读一文,识一人",用一个月的时间了解全书内容。本书阅读层次明晰,形式新颖,故事性强,易于入门,为有一定文史知识积累的读者阅读古文经典搭设了兴趣的阶梯。

图书在版编目(CIP)数据

月读《史记》. 春秋篇 / 三石五编著. —上海:
上海交通大学出版社,2022.2
    ISBN 978-7-313-25850-2

    Ⅰ.①月… Ⅱ.①三… Ⅲ.①中国历史—古代史—纪
传体②《史记》—通俗读物 Ⅳ.①K204.2-49

    中国版本图书馆CIP数据核字(2022)第016661号

月读《史记》——春秋篇
YUEDU SHIJI——CHUNQIUPIAN

编   著:三石五
出版发行:上海交通大学出版社   地   址:上海市番禺路951号
邮政编码:200030   电   话:021-64071208
印   制:上海盛通时代印刷有限公司   经   销:全国新华书店
开   本:880mm×1230mm 1/32   印   张:7.125
字   数:145千字
版   次:2022年2月第1版   印   次:2022年2月第1次印刷
书   号:ISBN 978-7-313-25850-2
定   价:35.00元

前
言

　　编写"月读《史记》"系列，是一次尝试。这套书的内
容，源于一门关于《史记》的拓展阅读课，这门课程以《史
记》中的人物为主要线索，附带讲解文化常识和古文知识。
这些内容简要而浅显，不及《史记》原典的九牛一毛，然而，
"浅显"容易入门并引发兴趣，"简要"会让人觉得"不够"，
于是想要去读《史记》的原典以及更多相关的书籍。"兴趣"
是最简单也是最珍贵的，编写本书的动因也即在此。本书的
主要内容诞生在课堂中，是经过教师讲解、学生反馈、编辑
选取后逐渐形成的。因此，从某种意义上来说，这是一本由
老师、学生、编辑齐心协力完成的书。

　　本书内容的第一条线索，是人物。众所周知，《史记》
是纪传体，由"书""表""本纪""世家""列传"五个部分
组成。"本纪""世家"和"列传"中有众多精彩的人物传
记，但并非每一个人都有单独的篇目，很多帝王和诸侯的故
事都合并在"本纪"或"世家"中。另外，有单独传记的人
物，也可能还出现在《史记》的其他篇目中，比如伍子胥的

故事在《吴太伯世家》《楚世家》《伍子胥列传》等篇中都有记述。本书选取了人物后，将他在《史记》中的全部内容罗列出来，然后加以综合概述，无论人物的地位高低，都像"列传"一样一个个地展示。

本书内容的第二条线索，是时间。"月读《史记》"系列按时间顺序分"春秋""战国""秦汉"三本书，各选30位（组）代表人物。同时，每本书又分若干篇章，这些篇章按时间顺序列出一个个时代，依次展示这一时代历史进程中的代表人物。本书围绕这些人物，介绍他们的故事，了解他们当时的礼仪、环境、器物等，并感受他们的精神，当然，还要一起阅读一些原文经典段落，感受文言文独有的韵律节奏，欣赏太史公的卓越文笔。

本书是"月读《史记》"系列的第一册，选取了30位《史记》中记载的"春秋"人物。如果读者每天抽空读完一个人物的故事，那么只要用一个月的时间，就能读完这本书了，这也是为什么起名"月读"的原因。但"月读"并不是抄捷径的"速读"，"月读"的本意是抛砖引"欲"，循阶而上。希望读者从这本书中找到自己喜欢的人物、故事或知识，更希望它能在你心中种下一颗兴趣的种子，让你在今后的某一天，去翻开那本万世不朽的经典，去领略司马迁"究天人之际，通古今之变，成一家之言"的神奇魅力。

本书包含了一些体例和栏目，在此逐一解释说明，方便读者参考阅读。

人物目录、年代示意图

本书共有11个篇章，大多数篇章用一个人物命名，这些人物按照时间顺序排列，引领出以他为代表的时期及其他相关人物。10个篇章选取的人物名称，主要由大家耳熟能详的"春秋五霸"构成，"春秋五霸"通常有两组不同的名单：其一为"齐桓公""宋襄公""晋文公""秦穆公""楚庄王"；其二为"齐桓公""晋文公""楚庄王""吴王阖闾""越王勾践"。本书将以上名单中出现的七位霸主各成一篇，加上春秋时代的代表人物"孔子"为一篇，春秋、战国时代过渡阶段的代表家族"晋国赵氏""齐国田氏"各为一篇，再加上序篇共同组成了这11个篇目。这些篇章就像一个个驿站，串联起了一条可见的历史线，读者可配合人物目录和《春秋主要事件年代示意图》对春秋时代的时间概念有一个总体的了解。

▮ 位置示意图

在讲述某些人物故事时，会涉及一些空间信息，本书设置了位置示意图。这个图的背景是大家熟悉的"七巧板"图案，上面标示出了春秋时代各诸侯国的相对位置，方便读者阅读时参考了解。

▮ 篇名书法

每一篇章的篇头名称都是一幅书法作品（除"序篇"外），由书法推广人瑞夫老师亲笔书写，字形都取自秦汉时期的书简及石碑。这些字体与《史记》的诞生年代相隔不远，或许能增加一些太史公时代的氛围，丰富一些阅读体验。

▮ 人物关系图

在每一篇章的开头，列出了本篇章涉及的主要人物的关系图。借助人物关系图，读者可以快速了解故事脉络、人物关系。

▮ 文化常识

每一篇人物故事之后，都设置了"文化常识"作为正文的附加栏目。每一篇常识根据人物故事中出现的某一个称呼、器物或行为，加以解释说明。通过了解其中包含的文化或科学知识，读者可以更好地理解人物和故事。

■ 原文选读

　　每一篇人物故事之后还附有"原文选读"栏目，所挑选的小段古文，出自该篇人物对应的《史记》原文篇章，读者可通过简易"注解"，尝试着阅读这些古文，感受太史公的文字魅力。

各篇人物目录

春秋主要事件年代示意图

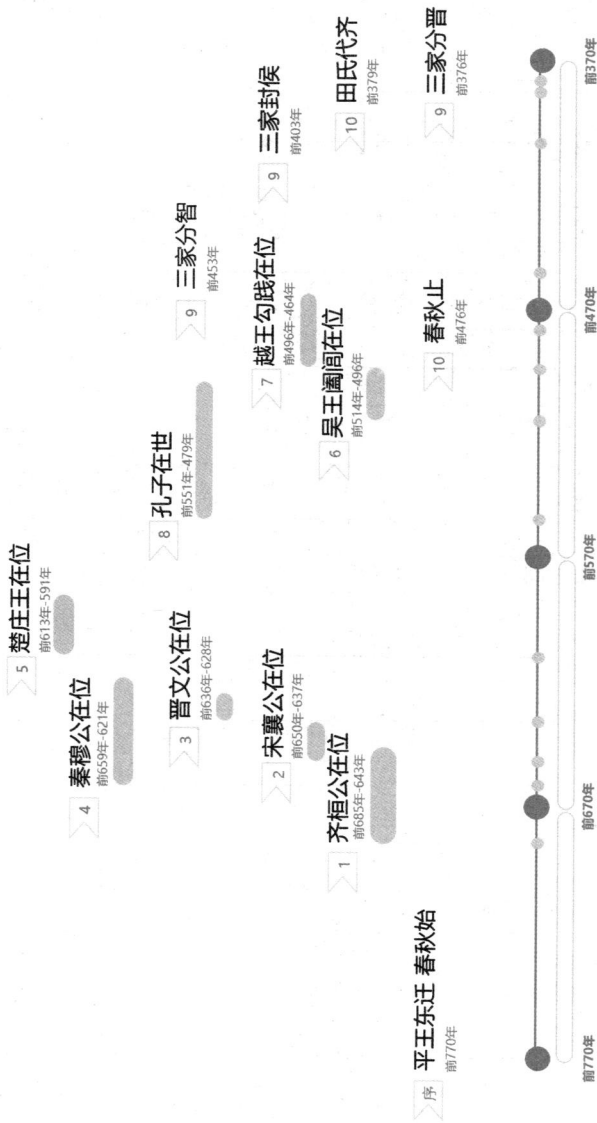

| 序 | 平王东迁 春秋始 | 前770年 |

1 齐桓公在位 前685年-643年

2 宋襄公在位 前650年-637年

3 晋文公在位 前636年-628年

4 秦穆公在位 前659年-621年

5 楚庄王在位 前613年-591年

6 吴王阖闾在位 前514年-496年

7 越王勾践在位 前496年-464年

8 孔子在世 前551年-479年

9 三家分智 前453年

9 三家封侯 前403年

10 田氏代齐 前379年

9 三家分晋 前376年

10 春秋止 前476年

前770年 前670年 前570年 前470年 前370年

春秋主要诸侯国
位置示意图

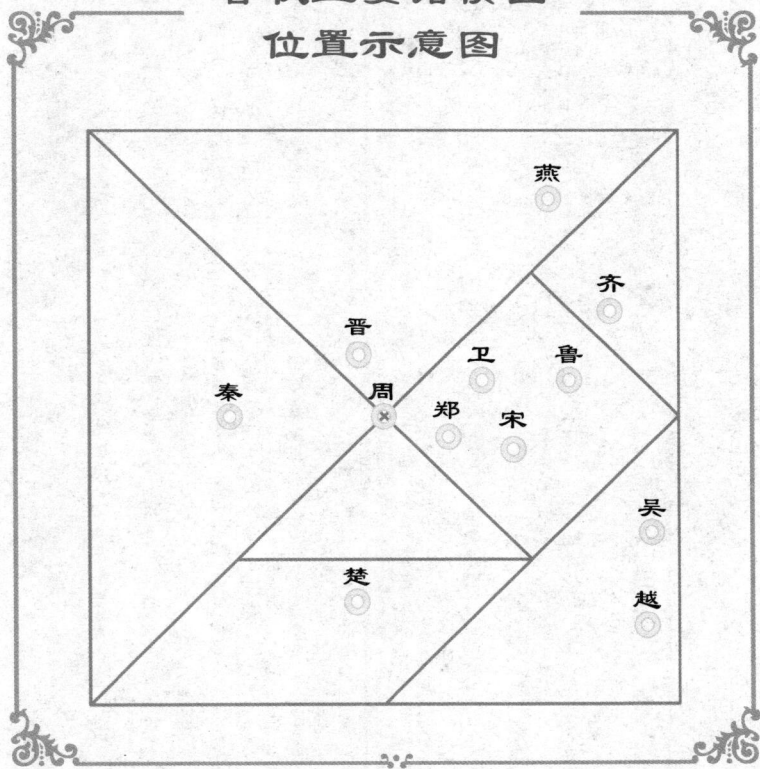

燕

齐

晋

卫 鲁

秦 周 郑 宋

吴

楚 越

目 录

序

篇

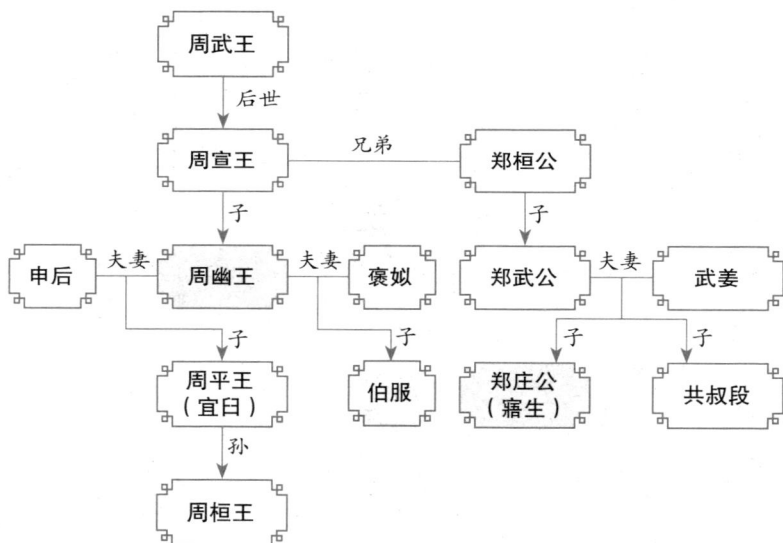

1. 周幽王——戏诸侯的昏君

周幽王不是春秋时代的人物，不过我们可以通过他先了解下关于西周、东周的时代划分，从这个意义上说：周幽王是一位"划时代"的人物。

我国历史最早的三个朝代是夏、商、周，周的前一个朝代是商，周武王起兵推翻了商朝最后一任君主商纣王的统治，建立了"周"这个实行分封制和宗法制的国家。周武王把都城建在镐京（今陕西西安），周幽王是周室的第十二任君主。当时周室经常受到戎、狄等外部敌人的侵扰，偏偏周幽王也不是一位贤明的君主，特别是因为他宠爱一个叫褒姒的妃子，做了两件大错事，最终导致了西周的结束。

第一件错事是"烽火戏诸侯"。

周幽王宠爱的褒姒虽然长得很漂亮，但她平时不爱笑，周幽王用了各种各样的办法哄她笑都没有成功。有一回，周幽王点燃了报警用的烽火，这个烽火只有在都城遭到敌人攻击时才点燃，诸侯看到烽火就会率领自己领地上的军队前来保护周王。这次当诸侯们急急忙忙地率领战车和士兵赶来后，却连一个敌兵都没看到，都感到莫名其妙。不过这一幕却惹得褒姒笑了起来，褒姒一笑，周幽王开心极了，但那些被戏要的诸侯都非常生气，他们恨恨地率领军队回自己的封地去了。

第二件错事是废黜王后和太子。

周幽王的王后是申侯的女儿，称为申后，申国当时是周的诸侯国之一，离镐京不远。周幽王和申后生了一个儿子叫宜臼，他被封为太子。自从周幽王喜欢上了褒姒，他就想把王后的位子给褒姒，并想让他与褒姒生的儿子——伯服，取代太子之位。后来周幽王竟然真的这么干了，这下可气坏了申后的父亲——申侯，他联络了缯国和西戎的军队，一起攻打周室，一路攻下了镐京。周幽王虽然点燃了求救的烽火，但看到烽火的诸侯都没有率领军队前来救他，因为他们都以为周幽王又在哄褒姒开心，耍他们玩呢。

周幽王被进犯的敌人杀死在骊山下，镐京被洗劫一空，连褒姒也都被劫走了。周幽王吞下了自己埋下的苦果，他死了之后，原先的太子——申后的儿子宜臼成了周天子，他就是周平王。周平王为了躲避周边戎族的侵犯，让周的都城离他们远一点，就把都城向东迁到了雒邑（今河南洛阳）。

虽然仍是周室，但因为都城东迁到了雒邑，所以历史上把周平王东迁之后的周代称为"东周"，而把以前周武王至周幽王时，都城在镐京的周称为"西周"。周幽王就是最后一位"西周"的君主，而他的儿子周平王是"东周"的第一位君王。

那么"东周"怎么又冒出来一个"春秋"呢？让我们一起通过本文所附的"文化常识"一起了解一下吧！

🌀 文化常识

春秋——用史书命名的时代

公元前770年，周平王东迁雒邑，史称"东周"，历史上通常又把"东周"分为两个时期："春秋"和"战国"。其中"春秋"这一名称要从一部史书说起。

周的很多诸侯国，比如晋、齐、楚等都有自己的史官，负责记录自己国家每一任君主在位时本国及天下发生的大事情。有些诸侯国的史书名称不大一样，比如楚的史书被称为《梼杌》，晋的史书被称为《乘》，而鲁国的史书称为《春秋》。《春秋》记录的时间是从鲁隐公担任鲁君开始的，即鲁隐公元年（公元前722年），一直记录到很多代以后的鲁哀公十四年（公元前481年），前后共242年。鲁隐公元年也就是周平王东迁后的第四十九年。

后来，鲁国出现了一位大学者——孔子，他对这部《春秋》进行了重新删选和编写，使之成为后世儒家的重要经典之一。后世的学者为了记录方便，将《春秋》开始记录的时间向前推到了周平王东迁的这一年（公元前770年），而将结束记录的年代往后推到周敬王四十四年（公元前476年）。这前后295年间的事情都记录在了《春秋》之中，于是从"东周"开始的第一年到《春秋》结束记录年代的这段"东周"时间称为"春秋时期"（不同研究者对"春秋时期"的具体年份划分略有不同），而"春秋"之后直到秦王朝建立的这段时间，由于主要的七个诸侯国互相攻战，后来西汉学者刘向将这段时期的历史编为《战国策》一书，因而称为"战国时期"。

所以"春秋"和"战国"都不是朝代名，只是用来指称迁都之后的周朝的两个时期。

原文选读

《史记·周本纪》选段

褒姒不好①笑，幽王欲其笑万方②，故不笑。幽王为烽燧③大鼓，有寇至则举烽火。诸侯悉④至，至而无寇，褒姒乃大笑。幽王说⑤之，为数举烽火。其后不信，诸侯益亦不至。

注解

① 好：喜欢。② 万方：各种各样的方法。③ 烽燧：边防士兵点燃烽火发出警告和求救，表示敌人来犯。"烽"为白天放的烟，"燧"为夜晚举的火。④ 悉：全部，都。⑤ 说：同"悦"，使……开心。

2. 郑庄公——伤天子的小霸

　　郑桓公是周厉王的小儿子，也就是周宣王的弟弟。周宣王将"郑"这个地方分封给了这位弟弟，像这样受天子封赏土地及其居民的人物被称为诸侯，所以郑桓公就成了郑国的第一位国君。周幽王继位后，任命他的叔叔郑桓公为周室的司徒，司徒是一个官职，主要辅佐周王管理土地和人民。周幽王在骊山下遇难时，保护周天子的郑桓公被一起杀害了，他的儿子郑武公继位；二十七年后，武公去世，他的儿子郑庄公继位。

母亲不喜欢的儿子

　　郑庄公名寤生，他的母亲武姜生他时遭遇了难产，因此虽然寤生是长子，但母亲不喜欢他，而偏爱他的弟弟共叔段。当郑武公病重时，武姜甚至请求他改立共叔段为太子，郑武公没有同意，他死后还是由长子寤生继位。
　　即便母亲不喜欢自己，但郑庄公继位后，对母亲还是很孝顺。武姜呢，却反而更加偏爱共叔段，她要求郑庄公把京邑封给共叔段，要知道京邑这块领地，甚至比郑国的国都还大，这个要求非常不合情理，但郑庄公居然同意了。然而，武姜和共叔段并没有就此满足，过了些年，母子俩居然谋划里应外合推翻郑庄公。郑庄公忍无可忍，率军在鄢地（今河南鄢陵）打败了共叔段，共叔段从郑国逃走了。这回，郑庄公也不再原谅母亲，他把武姜迁到了别的城邑，并发誓说："从此不到黄泉，再也不与你想见。"意思是今生不会再见她了。

但是，母子断绝往来才一年，郑庄公就想念武姜了，他很想去看望母亲，但又不能违背自己发过的誓言，怎么办呢？有一位叫考叔的臣子献策说："君侯何不挖一条地道，只要挖到有泉水的地方，就算是到了黄泉了。如此一来，您与母亲见面，也不算违背誓言了啊。"于是，郑庄公真的用考叔的办法与武姜重新见面，母子俩也终于言归于好了。

反抗天子的诸侯

周幽王被杀，周平王东迁，这是周室遭遇的大危机，郑国是诸侯中为天子出力最多的，郑桓公甚至拼上了性命。周平王去世时，太子已死，周平王的孙子继位，这就是周桓王。周桓王继位后第三年，郑庄公第一次去朝拜他。郑庄公虽是臣子，但从周室的辈分上来看，郑庄公与周桓王的祖父周平王同辈，而且郑国在东迁中又为周室立了大功，所以周桓王本应以礼相待，但是，郑国此前抢收了周室田地里的庄稼，这使得周桓王始终耿耿于怀，所以他对郑庄公表现得很失礼。郑庄公非常生气，回到郑国后发誓再也不去朝拜天子了。

郑庄公与周桓公的矛盾日积月累，过了几年终于完全爆发。周桓王联合了陈、蔡、虢、卫等几家诸侯的军队，亲自做统帅讨伐郑国，郑庄公则率领郑国军队抵抗。双方在繻葛这个地方展开交锋，王师虽然声势浩大，但却被指挥得当的郑军杀得大败。在激烈的战斗中，郑国大将祝聃一箭射中了周桓王的手臂，桓王受伤败退，祝聃还想乘胜追击，但郑庄公阻止他说："侵犯了长者都要心怀畏惧，何况伤害了天子呢？"庄公虽然获胜了，但周桓王是天子，是天下诸侯的共主，诸侯敢于对抗并伤害天子的事情之前是闻所未闻的。郑庄公当天晚上就派大夫祭仲代表自己去慰问周桓王的伤情，以示善意。

繻葛之战是标志性的一战，诸侯不仅反抗天子，而且还射伤了天子，祝聃的这一箭，将周室的权威、天子的尊严都射散了。

春秋初期的"小霸"

郑国在郑庄公的领导下不断强大，郑庄公对内平定了共叔段的叛乱，对外敢于对抗周天子的强权，维护了郑国的利益。郑庄公执政的末期，北戎入侵齐国，齐国派使者向郑国求援。郑庄公派了太子忽率军驰援，赶走了北戎，成功解救齐国。郑国因此与齐国、鲁国等远方的强国都建立了友好关系。然而，郑国身处中原地带，时时面对着周室以及宋、卫等众多诸侯的打压。所以春秋初期，郑庄公虽为一代雄主，为郑国打下了一定的基础，但郑国并没能持续发展出称霸天下的实力，因而只能称之为"小霸"。郑庄公的励精图治，郑国的迅速崛起，也正式吹响了春秋时代诸侯争霸的号角。

如果说，周幽王落下了周天子作为主角的历史帷幕，那么，郑庄公则开启了天下诸侯在春秋时代叱咤风云的序章。

🌑 文化常识

诸侯——春秋时代的重要角色

周武王推翻了商纣王，建立了周朝，周朝的制度中比较重要的是分封制和嫡长子继承制。周朝采用的分封制，即周天子将部分土地分封给特定的人，这个受分封的群体主要包括周室的宗室子弟、功臣、古帝王后裔等。这些受分封的领主被称为"诸侯"，分封的领土即"诸侯国""封国"或"藩国"。比如，周武王封他的弟弟周公旦在"鲁"、封功臣太公望吕尚在"齐"、封舜的后裔在"陈"、封商的后裔在"宋"……在称呼上，只有周天子才能称"王"，诸侯的称呼不能称"王"，一般称"公""侯""伯"等。诸侯的责任包括听从周室的统治，调遣军队保护周室，上交封国的部分赋税，等等。

诸侯在自己的封国内也进行分封，像周天子一样，除了嫡长子能继承爵位和封国外，为了治理国家，需要把自己的领地，分一部分给自己的宗室兄弟、儿子、有功的臣子等，这些在诸侯封地受封的贵族，称作"卿""大夫"；同理，"卿""大夫"也按照这种继承和分封制度再分给"士"。所以，周代的这种宗法制和分封制，是维系周代统治的根本制度，形成了由周天子、诸侯、卿大夫、士组成的金字塔形的贵族阶层。随着历史的演进，周代的分封制度最终在战国时期逐渐被郡县制取代，秦始皇统一天下后，废除了分封制，在全国范围内实行了郡县制度。

在上文中，郑国是在西周第十一位天子周宣王时才分封给弟弟郑桓公的，与周天子的关系还十分紧密，因而周室被侵时才奋力保护，郑桓公也因此献身。但仅仅到了第三代国君郑庄公时，郑与天子的矛盾就已经逐渐积累并激化为战争，一方面体现了周室力量的衰弱，另一方面体现了传统礼法正逐渐崩坏。

🌸 原文选读

《史记·郑世家》选段

于是庄公迁①其母武姜于城颍，誓言曰："不至黄泉②，毋③相见也。"居岁余，已悔思母。颍谷之考叔有献④于公，公赐食。考叔曰："臣有母，请君食赐臣母。"庄公曰："我甚思母，恶负盟⑤，奈何⑥？"考叔曰："穿⑦地至黄泉，则相见矣。"于是遂从之，见母。

🌀 注解

① 迁：搬迁。② 黄泉：本意为地下的水，古人指代死后的地方。③ 毋：不要。④ 献：进献的礼物。⑤ 恶负盟：厌恶违背誓言。⑥ 奈何：怎么办。⑦ 穿：挖掘。

齐桓公

篇

齐桓公篇　人物关系图

```
┌──────┐  分封   ┌──────┐
│ 周武王 │ ──────→ │ 齐太公 │
└──────┘         └──────┘
                    │ 后世
                    ↓
                 ┌──────┐
                 │ 齐襄公 │
                 └──────┘
                    │ 兄弟
                    ↓
              ┌──────────┐  兄弟   ┌──────┐
              │  齐桓公   │ ──────→ │ 公子纠 │
              │ （小白）  │         └──────┘
              └──────────┘            ↑
                    │ 君臣            │ 曾经
                    ↓                 │ 侍奉
         ┌──────┐ 朋友 ┌──────┐      │
         │ 鲍叔牙 │ ─── │ 管仲 │ ─────┘
         └──────┘      └──────┘
```

3. 齐桓公——尊王攘夷的霸主

　　齐国是地处东方的诸侯国（今山东省的一部分）。最初受封在齐的吕尚曾协助周武王攻灭了商纣王，吕尚姓姜，又称太公望（后世文学作品中"姜子牙"的原型）。齐国靠近海，因而有渔盐之利，比较富裕，齐的邻国有鲁国、卫国等。周王室为躲避戎、狄等族的威胁，东迁到了雒邑之后快一百年了，这时候齐国出现了一位了不起的君主，他就是齐桓公，名叫小白，他还没继位时被称为公子小白。

夺君位　得贤臣

　　齐襄公是公子小白的哥哥，他当国君时做了不少荒唐事，他的兄弟们都怕惹祸上身，大多逃到别的诸侯国避难去了，其中公子小白逃去了莒国，他的一个兄弟公子纠逃去了鲁国。后来齐国发生了内乱，齐襄公被杀，公子小白和公子纠都率领着各自的家臣亲信赶回齐国，都想抢先夺到王位。公子纠的家臣中有一位叫管仲，他埋伏在公子小白回齐国的道路上，小白的马车经过时，管仲一箭射向小白，小白应声而倒。管仲以为小白被射死了，于是回报公子纠，公子纠听说竞争者已死，就不慌不忙地前往齐国。不料，等他们到达齐国时，公子小白早已经成了新的齐君。原来，管仲射中的只是公子小白腰带上的带钩而已，公子小白装死骗过了管仲，并在鲍叔牙等家臣的保护下，快马加鞭赶回齐国夺得了君位，也就是齐桓公。

公子小白惊险地成了齐君之后，首先就要铲除公子纠的势力，包括庇护公子纠的鲁国。鲁国为了讨好齐桓公，就把公子纠给杀了，并把管仲等公子纠的亲信交给齐国处置。齐桓公想要杀了管仲报一箭之仇，但鲍叔牙阻止了他。原来，鲍叔牙和管仲虽然辅佐了不同的主公，但他们其实从小就是好朋友，鲍叔牙深知管仲是不可多得的人才，所以竭力劝阻齐桓公。鲍叔牙对齐桓公说如果国君只是想把齐国治理好，现有的家臣就可以辅助他实现，但是如果志在称霸天下，那么就非得有管仲这样的人才辅佐才行。齐桓公最终采纳了鲍叔牙的建议，他不计前嫌任用管仲为大夫。从此，管仲和鲍叔牙、隰朋、高傒等人一起辅佐齐桓公，富国强兵，成就了齐国的霸业，让齐桓公成为春秋时期的第一位霸主。

尊天子　攘蛮夷

春秋时代的霸主是怎样的人呢？做了什么事情才能算称霸天下呢？简单地说就是"尊王攘夷"。

自从周平王东迁之后，周王室虽然仍是中原众多诸侯的共主，但他的权威和实力已经相当微弱，需要依靠诸侯们的保护。此时，来自中原之外的势力（齐桓公时主要是北方的犬戎、南方的楚等势力）对周王室及其诸侯国形成了长期威胁，所以中原的这些称为"诸夏"的诸侯国，必须团结起来共同抵御这些势力，同时也不能发生郑庄公那样对天子不敬的行为。然而，中原的诸侯国实力有强有弱，互相之间又互有攻伐，既然周王室已经丧失了号令群雄的实力和威信，那么就必须要有一位既有威望又有实力的带头人来团结诸侯，通过共同盟誓的形式建立同盟关系，大家以周王室为尊（尊王），一起抵御夷狄（攘夷）。

齐桓公就是这么一位带头人，他做了哪些事情呢？

首先，齐桓公在管仲等一班贤臣的辅佐下，通过内政改革使齐国迅速地强大了起来。

接着，齐国开始在诸侯国之间显示自己的实力。齐桓公发兵讨伐了郯国，因为当齐桓公还是公子小白时，曾逃亡到郯国，但郯君对他很无礼，所以齐桓公始终记着这笔账，一有实力就率领齐军灭了郯国。后来，齐国又讨伐鲁国，迫使鲁国献地求和，不过在两国会盟的仪式上，齐桓公被鲁国的勇士曹沫劫持，被逼着把侵占的土地还给了鲁国。但不管怎样，天下的诸侯都知道了齐国的实力和齐桓公的威名。

最后，齐国向诸侯展示了足够的实力后，还担当起了抵御夷狄侵略的领袖角色。齐桓公以匡扶周室、安定天下的名义，帮助很多中原诸侯共同抵御夷狄。比如燕国被山戎侵犯了，齐桓公立即率领大军讨伐山戎，一直打到北方的孤竹；卫国被狄人攻破了，齐桓公又率领诸侯联军抵御外敌、确立新君、重建卫国。

在一系列攘夷的行动中，齐桓公讨伐楚国的事情比较特殊。

齐桓公有一位来自蔡国的夫人叫蔡姬，有一天两个人乘小船出去游玩，蔡姬水性好又有点调皮，而齐桓公可能有点怕水，船在水中央时，蔡姬故意用力晃船吓唬齐桓公，齐桓公劝她不住，吓了个半死。本来挺开心的游玩，因为这个恶作剧搞得齐桓公很生气，后果当然也很严重。一下船，齐桓公就命令把蔡姬送回了娘家——蔡国。齐桓公的本意是想小小地惩罚一下任性的蔡姬，让她好好反省一下，并没有断绝关系的意思，但是蔡侯看到自己妹妹被赶了回来，觉得很没面子，结果把蔡姬嫁给了别人。这回齐桓公是真生气了，一国之君的宠妃被嫁给了别人，这谁受得了啊？况且还是天下的霸主。

齐桓公很快组织了诸侯的联军攻破了蔡国，但诡异的是，获胜的齐军并没有班师回国，而是继续南下讨伐楚国。楚国当时是南方的强国，虽然对周室和中原诸侯形成了威胁，但并没有招惹到齐国。被讨伐的楚国人有些想不明白了，赶紧派使者去求见齐桓公问原因。管仲代齐桓公回答使者说，讨伐楚国的原因一是因为楚国没有尽周天子臣子的义务，没有进贡给周天子包茅（一种祭祀时使用的茅草），害得天子的祭祀不能进行，齐君是代周王来问责的；二是因为当年周昭王南征到楚地后就死了，楚国也应该为这事负责。楚王听了使者带回的消息，虽然感到理由有些牵强，但面对齐国率领的大军，楚国也不得不服软，答应一定补上包茅，但周昭王的死和楚国无关，他淹死在汉水里，所以应该去向汉水问罪。不久，齐桓公进军到了楚国的陉地，楚王派了大将军屈完前来谈判，其实齐桓公和管仲也并非真的想和楚国开战，他们进军警告楚国的目的此时已经达到，于是就和屈完订立了盟约后率领诸侯们撤军了。楚王也因为齐桓公这次敲山震虎的进军，而暂时收敛了自己的锋芒，不敢对中原的诸侯用兵。

称霸主　终落幕

　　齐桓公创下了许多丰功伟绩，数次召集诸侯会盟，周天子也对齐桓公非常尊敬。当齐桓公在葵丘盟会诸侯时，天子派使者送来了肉胙（祭礼用的肉）、朱红色的弓箭、大车，这些都是非常珍贵的礼物，周王还允许齐桓公接受赏赐时，不必行跪拜大礼。但是，管仲劝桓公可以接受礼物，但不能逾越礼节。

　　当时，天下比较强大的有齐、秦、晋、楚四国，地处西方偏远之地的秦国不参加中原诸国的会盟，晋国正遭遇国内的变乱，楚国在南方自以为夷狄，不认周的权威，所以只有齐国能召集诸侯。在数次会盟诸侯之后，齐桓公渐渐地骄傲起来，他觉得自己九合诸侯，一匡天下，尊荣简直可以和夏商周三代的天子媲美，于是他就想要去泰山进行祭祀大礼，可是这不符合诸侯的身份，最后还是被管仲劝阻了（详见本书《管仲——恪守道义的贤臣》）。

　　到了管仲、隰朋等贤臣都相继去世后，年老的齐桓公倚靠的是易牙、开方、竖刁这三个佞臣，管仲临死前曾告诫齐桓公不可任用这些人，但齐桓公还是让他们渐渐掌握了齐国的大权。没过多久，这些乱臣贼子就搞乱了齐国的朝政。当齐桓公去世时，他的儿子们都忙着抢夺君位，谁也没工夫给齐桓公发丧，桓公的尸体在堂上停了足足六十七天，一代霸主居然落了个惨淡收场的结局。

📖 文化常识

谥号——齐桓公不知道自己是"齐桓公"

"齐桓公"是齐侯小白的谥号。所谓谥号，就是古代有地位的人（帝王或王公大臣等）去世之后，后人根据他身前的作为，给他一个概括其一生的评定，所以有些人获得的谥号是赞颂的，而有些则是含有批评的意思。

谥号制度是从周代开始的，周代的天子诸侯，谥号常见的为一个字，且以正面褒扬为主，比如周文王、周武王、周宣王等，"文""武"各强调了天子的文韬武略，"宣"的意思是有成就有建树。当然，也有周天子的谥号是表示贬义的，比如周幽王的"幽"就暗示了这位西周末代天子的荒唐表现。

齐桓公是春秋时代第一位真正的霸主，"桓"字作为谥号一般表示此人身前能开疆辟土，有卓越功绩，符合齐桓公尊王攘夷、九合诸侯、一匡天下的作为。当然，在齐桓公活着的时候，不可能知道自己死后的谥号是"桓"，人们更不会用"桓公"称呼他，而是称他为"齐君""齐侯"或"君侯"。

🌸 原文选读

《史记·齐太公世家》选段

二十九年，桓公与夫人蔡姬戏船中。蔡姬习^①水，荡^②公，公惧，止之，不止，出^③船，怒，归^④蔡姬，弗^⑤绝。蔡亦怒，嫁其女。桓公闻而怒，兴师往^⑥伐^⑦。

🔖 注解

①习：擅长。②荡：使……摇晃。③出：离开。④归：送回。⑤弗：没有。⑥往：前往。⑦伐：讨伐。

4. 管仲——恪守道义的贤臣

　　管仲是齐桓公最重要的助手，在齐国的内政、外交、经济、军事等各方面都发挥了重要的作用，齐桓公能称霸天下，离不开管仲的辅佐。同样，如果说管仲成就了齐桓公，那么成就管仲的就非鲍叔牙莫属了。《史记》中记述管仲的故事，几乎总是与齐桓公、鲍叔牙同时出现。

管仲与鲍叔牙

　　《史记·管晏列传》是管仲和晏婴这两名春秋时期齐国名相的合传。关于管仲的部分，主要记述了他与鲍叔牙非比寻常的感情。管仲年轻时就与鲍叔牙是好朋友，管仲比较穷，有时候会占鲍叔牙便宜，鲍叔牙不以为意，从来不埋怨他。相处时间久了，鲍叔牙能够完全了解管仲的品性和才能，因而对管仲做的事情都能理解和包容。后来两人虽然各为其主，但并没有影响相互间的感情。

　　在公子纠与公子小白的夺位之争中，公子纠被杀。管仲被押送回齐国，眼看就要被处死，千钧一发之际，正是鲍叔牙向齐桓公力荐管仲，才救下了好朋友的命。不仅如此，鲍叔牙甚至甘愿让管仲位居自己之上，辅佐齐桓公成就了霸业。管仲深知鲍叔牙的恩情，他曾说："生我者父母，知我者鲍子也。"真正诠释了何谓"知己"，也为我们留下一段"管鲍之交"的佳话。

管仲的逆转之道

管仲除了拥有辅助齐桓公富国强兵的才能，他为政还有一个特点是"善因祸而为福，转败而为功"，就是善于扭转不利的形势，使不好的事情转变成好事情。《史记》中记录的几件事情也很好地证明了管仲洞悉形势、善于逆转的才能。

一次，齐桓公在与鲁国国君会盟时，突遭鲁国将军曹沫劫持，被逼着答应归还鲁国的土地。会盟结束后，齐桓公又气愤又懊恼，准备违背誓约不归还土地。这时候管仲劝桓公说："不要因为这点土地而违背了誓言，这样失信于天下，诸侯们就再也不会信任和尊敬您了。"齐桓公后来还是听取了管仲的谏言，如约归还了鲁国的土地。正如管仲所言，各国的诸侯果然因为齐桓公严守誓言而更加佩服他。曹沫劫持是一个突发事件，管仲在齐桓公被逼还土地的不利情况下，将这次"吃亏"变成了一次"宣传"，为齐桓公博得了守信的口碑，可见管仲"危"中见"机"的胆识和格局。

齐桓公故事中所说的"蔡姬荡舟"事件，也很好地体现了管仲左右形势的才能。蔡国在齐国南方，而楚国在蔡国的南方，齐桓公以受辱伐蔡为理由，集结诸侯大军一路向南，攻破蔡国后，居然没有撤军，而是直入楚国，这到底是怎么一回事？连楚王都被弄糊涂了。其实，管仲和齐桓公这次用兵的目的恰恰是冲着楚国来的。当时，楚国在南方通过一系列兼并战争不断强大，对周天子以及齐桓公等中原诸侯都形成了巨大威胁。于是齐桓公趁着讨伐蔡国的机会，集结了诸侯的军队向楚国展示诸侯实力和天子威仪。楚王后来答应献给周天子包茅，表明楚国在大军压境之下，承认了齐桓公的霸主地位，达到了齐桓公威慑、警告楚国的目的。所以，"蔡姬荡舟"看上去是一件齐桓公的家事，但最后管仲和齐桓公利用这件小事，完成了一次敲山震虎的外交军事行动。

管仲的为臣之道

管仲辅佐齐桓公成就了霸业，相较于齐桓公的日渐骄傲，管仲却始终恪守为臣之道。有一年，齐桓公派管仲去帮助周天子御敌，天子准备了上卿的礼仪接待管仲，管仲却叩首谢绝，他说自己只是齐侯的陪臣，没有资格接受上卿的待遇，周天子不得已，只能改成对待下卿的礼仪，管仲这才接受。

跟管仲相比，齐桓公很骄傲。自从平王东迁以来，他是天下第一个霸主，无论周天子还是大小诸侯都对他十分敬畏，渐渐地齐桓公有点目空一切了，从哪一件事可以看出来呢？那就是齐桓公想要去"封禅"。"封禅"指的是在泰山祭祀天地的典礼仪式，但只有卓越的天子才有资格封禅，齐桓公再伟大，也终究只是诸侯而不是天子，不具备祭祀天地的资格。

所以管仲坚决反对齐桓公封禅，但齐桓公又执意进行，管仲发现这次拦是拦不住，只能想些理由拖住他。于是，管仲向齐桓公谏言说，封禅仪式必须要准备好天下的奇珍异宝才行，比如东方极远的海里才能抓到的比目鱼、西方极远的地方才能捕到的比翼鸟……除了这些人能捕捉的奇珍异兽外，还需要上天的指示，比如天降凤凰、麒麟之类的福瑞吉兆，可是这些东西现在都没有出现，这样就贸然去祭祀天地，显得不够虔诚，很不合适。这下子好歹把齐桓公稳住了，时间一长，他也就不再坚持去封禅了。

管仲就是这样一位既有治国才能，又有礼法尺度，更具有大智慧的人。虽然管仲这个人有点贪财，又注重享受，但他辅助齐侯称霸天下，并将齐国的富强用于匡扶天下，整顿秩序，使周天子的威权不倒，使夷狄不能颠覆华夏。在他百年之后诞生的孔子，虽然并不完全赞同管仲的功绩，但他也不得不感慨"微管仲，吾其披发左衽矣"，意思是说如果没有管仲，我们可能早就被蛮夷奴役了，也变成披头散发的野蛮人了。可见，管仲不仅仅是对齐国，对当时整个的中原地区都起到了巨大的稳定作用。

文化常识

封禅——为什么管仲阻止了齐桓公？

封禅是古代帝王在太平盛世时祭祀天地的盛大典礼。封禅由"封""禅"两个仪式构成："封"是在泰山上祭天，"禅"是在泰山下的小山丘祭地。齐桓公想要"封泰山禅梁父"，泰山被古人认为是最高最神圣的山，接近天神，所以祭天需"登封泰山"；梁父是泰山下的一座小山，接近地神，所以祭地称为"降禅梁父"。据司马迁《史记·封禅书》记载，先秦时期如果正逢太平盛世或者天降福瑞，古人就会举行封禅，但他们都是"受命帝王"，所以封禅是接受天命的天子才有资格举行的。齐桓公只是一国的诸侯，没有资格封禅，所以管仲阻止了他封禅的企图。齐桓公之后的中国历史上，曾有几位赫赫有名的帝王进行过封禅，比如秦始皇、汉武帝、唐玄宗……封禅也渐渐变成帝王炫耀自己功绩的仪式。

"禅"是一个多音字，它有两个读音：shàn和chán。我们只要掌握一个方法，就能正确记住和使用这个字：在读"chán"这个音时，多是与佛教相关的，比如"禅师""禅宗""禅杖""坐禅"，等等。所以在佛教传入中国之前，也就是汉代之前，古文中出现的"禅"一般都读"shàn"，比如"封禅""禅让""禅位"，等等。

那么，我们熟悉的《三国演义》中的阿斗，也就是刘备的儿子——刘禅，他的名字中"禅"应该读什么呢？当然是"shàn"。我们可以找到两点理由：首先，三国时期佛教还没有产生很大的影响力，禅宗更还没有创立，所以刘禅的名字不包含佛教的意义；其次，刘备给刘禅的名字中用的"禅"应该是"封禅"的意义。这或许是因为刘禅有一个哥哥（刘备的养子）叫"刘封"，两个儿子名字连在一起就是"封禅"，非常符合刘备匡扶汉室，平定天下的万丈雄心。

原文选读

《史记·管晏列传》选段

管仲曰："吾始困时，尝与鲍叔贾①，分财利多自与②，鲍叔不以我为贪，知我贫也。吾尝为鲍叔谋事而更穷困，鲍叔不以我为愚，知时有利不利也。吾尝三仕三见逐于君，鲍叔不以我为不肖③，知我不遭时④也。吾尝三战三走⑤，鲍叔不以我怯，知我有老母也。公子纠败，召忽死之，吾幽囚受辱，鲍叔不以我为无耻⑥，知我不羞小节而耻⑦功名不显于天下也。生我者父母，知我者鲍子也。"

注解

①贾：经商，做生意。②自与："与自"，给自己。③不肖：没有才能。④时：机会。⑤走：逃走、败走。⑥无耻：不知廉耻。⑦耻：以……为耻。

宋襄公

篇

宋襄公篇　人物关系图

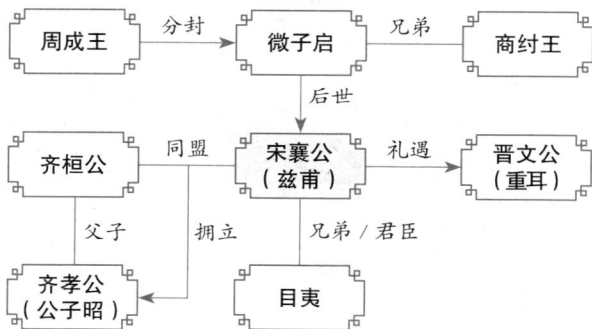

```
┌─────────┐  分封   ┌─────────┐  兄弟   ┌─────────┐
│  周成王  │ ──────→ │  微子启  │ ──────→ │  商纣王  │
└─────────┘         └─────────┘         └─────────┘
                         │ 后世
                         ↓
┌─────────┐  同盟   ┌─────────┐  礼遇   ┌─────────┐
│  齐桓公  │ ──────→ │ 宋襄公   │ ──────→ │ 晋文公   │
└─────────┘         │（兹甫）  │         │（重耳）  │
     │              └─────────┘         └─────────┘
  父子│          拥立    兄弟 / 君臣
     ↓              │
┌─────────┐         ┌─────────┐
│ 齐孝公   │ ←────── │  目夷    │
│（公子昭）│         └─────────┘
└─────────┘
```

5. 宋襄公——死守仁义的国君

"春秋五霸"在古书中有两种组合，其中一组是"齐桓公、宋襄公、晋文公、秦穆公、楚庄王"。在这一组合中，名列其中的宋襄公引起后人较多的质疑，因为无论是宋国在春秋时期的影响力，还是宋襄公的个人功绩，都不足以称霸。如果一定要为宋襄公找个入选的理由，也许是因为他在齐桓公和晋文公二者称霸的过渡时期中，起到了承前启后的作用。

弟弟不想做君侯

宋国的建立要从周武王灭商说起。当初，周武王推翻了商纣王的统治后，并没有完全灭绝商的遗民，而是把商纣王的儿子武庚分封在商的故地——殷，让他继续管理商的遗民。然而周武王死后，武庚参与叛乱，随后被周武王的兄弟周公旦消灭，周公旦命商纣王的兄弟——微子启来领导商族的遗民，微子启被分封在商丘，也就是后来的宋国，微子启就是宋的第一代君主。

宋桓公是宋国的第19位君主。他立嫡长子兹甫为太子。当宋桓公病重时，兹甫想把太子之位让给他同父异母的庶兄——公子目夷，因为兹甫觉得目夷不但年龄比他大，而且很贤能。宋桓公虽然欣赏太子兹甫让位的仁义之举，但拒绝了他让位的请求，宋桓公去世后，仍然由兹甫继位，即宋襄公，他任命公子目夷为相，辅佐他一起治理宋国。

小国却想做霸主

宋桓公死后还没来得及下葬，正逢一代霸主齐桓公举行葵丘会盟，宋襄公居丧中仍然赶去参加了这次会盟。齐桓公很欣赏宋襄公，将太子昭托付给了他，希望宋襄公以后能扶助太子昭顺利成为齐侯。齐桓公一死，齐国果然发生了众多公子的夺位争斗，齐桓公的儿子们互相攻伐，太子昭也避难逃到了宋国。宋襄公亲自率领诸侯联军，打败了齐国当权的势力，并将太子昭护送回国成为齐侯。宋襄公遵守了诺言，完成了齐桓公当年的托付，因而在诸侯中得到不少赞誉。

然而，这次率军平齐国之乱的功绩，既成就了宋襄公的美名，也撑爆了他的自信。齐桓公去世之后，天下诸侯失去了霸主的统领，重新陷入乱局。宋襄公自认为继承了齐桓公的霸业，肩负了匡正天下的使命，于是也学着齐桓公的样子，不断召集诸侯们举行会盟。然而，诸侯们并不认为宋襄公有做盟主的资格和实力，尤其是南方强大的楚国更加不服气，他们当年连齐桓公都不曾放在眼里啊，因此楚王时刻准备着好好教训一下宋襄公。

宋襄公的哥哥目夷看到了称霸的危险，他对宋襄公说："我们宋国是小国，却妄图会盟称霸，没有实力却想要指挥其他诸侯，这是要招来祸患的啊。"宋襄公可不愿意听这些丧气话，他还继续陶醉在称霸的美梦中。但是梦都是要醒来的，当诸侯们在盂这个地方会聚时，楚国将宋襄公抓了起来，并以宋襄公为人质讨伐宋国。虽然楚国后来在其他诸侯的调解下释放了宋襄公，但霸主梦碎的宋襄公此时已经颜面尽失，威风扫地了。

打仗也要讲礼仪

宋襄公蒙受了屈辱，宋国遭到了打击，然而这些都没让宋襄公彻底清醒，他仍然没有完全放弃称霸的企图。为了教训郑国背叛盟约依附楚国，宋襄公率领军队讨伐郑国，楚国也派出了军队救郑。宋楚两军在泓水相遇，大战一触即发，到底谁是真正的霸主？见证实力的时刻到来了。

宋军抢得先机，先在岸边列阵完毕，而楚军还没来得及渡过泓水。目夷在阵前眼见楚军正在渡河，赶忙催促宋襄公："楚军人多，我军人少，趁他们还没渡过河，君侯赶紧下令攻击他们吧！"宋襄公却回答他："我们是仁义之师，怎么可以在对方渡河时攻击呢，这样即使取胜也要被天下诸侯笑话的。"说话间，楚军已经全部渡过了泓水，正匆忙地在河岸边列阵，目夷又催宋襄公："趁现在，快点下令攻击吧！"宋襄公回答："等他们列完阵，才能发起攻击。"终于楚军列阵完毕，宋襄公这才下令宋军发起攻击，结果宋军寡不敌众，大败而归，宋襄公也在战斗中伤了大腿。即便如此，回去后听说大家都在埋怨他，宋襄公仍然振振有词道："君子不乘人之危，楚军没完成列阵，我们就不能进攻。"有臣子嘲讽说："打仗就是为了胜利，照君侯的说法，还不如直接做人家的奴隶好了，何必还要打仗呢。"

"打仗就是为了胜利"这是常识，然而宋襄公恪守的是周代贵族们的规定：打仗也要讲礼仪。周代的军人大多是一国的贵族，所以即便在战争中也要遵守很多"君子"的行为规则。但是，春秋正处在一个社会变革的时期，战争越来越频繁，规模越来越大，战争的目的也在不断变化。因而，原先贵族之间小规模作战的战场上的"礼"，逐渐不适合新的战争形势了。宋襄公身处时代变革的洪流之中，但他又死守仁义，注定无法成为弄潮儿，也无法成就宋国的霸业。

宋襄公不久因为腿伤去世，他的霸主梦想彻底破灭了。

宋襄公继承君位时表现的谦让受到了肯定，平定齐乱时的担当得到颂扬，然而，在现实的外交和战争中，起决定作用的还是实力和手段，礼崩乐坏的时代，战场上死守仁义已经不合时宜，无所顾忌的"弱肉强食"将成为之后的时代主旋律。

在宋襄公去世之前，晋国的一位逃难公子经过宋国时，宋襄公以重礼接待了他，送他马车二十乘。这位公子牢记了宋国的恩情，不久他完成了宋襄公未实现的梦想，真正肩负起匡扶天下的事业，这位公子叫重耳，他就是春秋时代最强大的霸主之一——晋文公。

🔅 文化常识

会盟——春秋时代的签约仪式

在齐桓公和宋襄公的故事中，都讲到了诸侯"会盟"，齐桓公"九合诸侯"就是指他多次与天下诸侯会盟，并且他都是当之无愧的"盟主"。宋襄公也想学齐桓公会盟诸侯，却被楚国连番羞辱，泓水之战后，宋襄公兵败，不久即伤重而亡，彻底终结了宋国称霸的企图。那么春秋时代"会盟"究竟是怎样的一种仪式，它又具有什么意义呢？

古籍中记载了"会盟"是春秋时代的一种重要仪式，订立盟约需要筑坛、杀牲、歃血、誓盟等多个环节，这个仪式在不同年代的记录中并不完全相同，但我们可以从中找出一些有趣的知识。比如，"谁执牛耳"一词就源自诸侯的会盟，诸侯会盟多以牛为牺牲，宰杀牺牲用来敬神，杀牲后由主持会盟的人割下牛的左耳朵，交由盟主执牛耳进行盟誓仪式，所以"执牛耳"一词也专指盟主或领袖。又如"歃血为盟"一词，是指在杀牲之后，会盟者在盟主带领下用牲血涂抹口唇或饮下，以此表示会盟者守信不渝，如违背盟誓，将受到天地神灵和祖先的惩罚。盟誓的内容由专人用红色的笔记录下来，除了掩埋一份献给神之外，盟誓各方也各执一份留存遵守。这看起来颇有点像现在企业之间签订合同，只不过春秋时代诸侯以天地神祇为证，而现代人以法律为准绳。

《史记》的《齐太公世家》《刺客列传》都记载了齐桓公在会盟时遭鲁国大将曹沫劫持，并被逼答应归还鲁地，虽然齐桓公之后想要反悔，但因为是在会盟时许下的诺言，所以违背的不仅是与曹沫的约定，而是违背了对神灵和祖先的誓言，因此管仲认为不能因小利而失去大义，因为桓公要称霸天下，必须率先做出表率，尊重盟誓，尊重规则（"而弃信于诸侯，失天下之援，不可"）。

春秋时代除了诸侯之间外，有时家族之间、个人之间也会以盟誓的形式许下诺言。《孔子世家》中曾记载孔子从蒲地逃出后立即违背了誓言的事情，但他跟弟子解释说，被逼订立的誓言，神是不会听取的（"要盟也，神不听"），所以没必要遵守。看来，虽然同样是天地为证，但誓言的解释权还是归人所有的。

🌸 原文选读

《史记·宋微子世家》选段

冬，十一月，襄公与楚成王战于泓。楚人未济，目夷曰："彼众我寡，及其未济①击之。"公不听。已济未陈②，又曰："可击。"公曰："待其已陈。"陈成，宋人击之。宋师大败，襄公伤股③。国人皆怨公。公曰："君子不困人于厄④，不鼓⑤不成列。"子鱼曰："兵以胜为功，何⑥常言与⑦！必如公言，即奴事⑧之耳，又何战为？"

🌀 注解

①济：过河。②陈：同"阵"，列阵。③股：大腿。④厄：危难。⑤鼓：击鼓，古代军队进攻时以击鼓为号。⑥何：为何，为什么。⑦与：后作"欤"，语气助词。⑧奴事：像奴隶一样做事侍奉。

晋文公

篇

"晋文公"字形：汉隶

晋文公篇 人物关系图

周武王 —子→ 周成王

周武王 —子→ 唐叔虞

唐叔虞 —兄弟→ 周成王

唐叔虞 —后世→ 晋献公

晋献公 —夫妻→ 齐姜

齐姜 —夫妻(媵)→ 晋献公

齐姜 —子→ 申生

申生 —姐弟→ 献公长女

献公长女 —夫妻→ 秦穆公

晋献公 —夫妻→ 狐氏(姐)

狐氏(姐) —姐妹→ 狐氏(妹)

狐氏(姐) —子→ 晋文公(重耳)

晋文公(重耳) —君臣→ 狐偃 介子推

狐氏(妹) —子→ 晋惠公(夷吾)

晋惠公(夷吾) —子→ 晋怀公(公子圉)

骊姬 —姐妹→ 骊姬妹

骊姬 —子→ 奚齐

骊姬妹 —子→ 悼子

6. 申生——太子的悲惨结局

　　晋文公，名叫重耳。在讲他的故事之前，我们先认识一下他的兄弟——太子申生，他俩都是晋献公的儿子。晋献公原先有好几个儿子，其中比较年长且贤能的有申生、重耳和夷吾三人，申生被立为太子，他的母亲是齐桓公的女儿，可惜早死，重耳和夷吾的母亲是亲姐妹，她们都是来自北方狄族的狐氏之女。

晋献公的变化

　　晋是地处黄河中游的大诸侯国，先祖是周武王的儿子叔虞，因而与周室同姓，并担负着保卫周室、抵御北方蛮族的重要责任。晋献公是一位很能干的国君，他打了很多胜仗，吞并了很多土地。后来，他在击败骊戎一族时获得了一对美女姐妹——骊姬和她妹妹，晋献公非常宠爱这对姐妹，而申生和重耳等公子的命运也因此发生了巨变。

　　晋献公宠爱骊姬，甚至想把和骊姬生的小儿子奚齐立为太子，因此他开始慢慢疏远那三个有贤名的儿子：把太子申生派去驻守晋国宗庙所在的曲沃，把重耳派去靠近秦国的蒲邑，把夷吾派到靠近狄国的屈邑。当然他把自己宠爱的骊姬和儿子奚齐都留在了都城——绛。晋献公经常任命太子申生率领军队外出征战，似乎很重用他，但有眼光的大臣却看出这是太子申生要被废的征兆，因为真正继承君位的太子应该留守在国内，而不是像臣子那样创立军功。申生的亲信家臣劝申生逃去外国，但申生并没有听从。

骊姬的诡计

晋献公私下告诉骊姬，自己想要改立奚齐为太子。骊姬不但没开心起来，反而哭着劝晋献公不能废掉申生，因为申生既有才能，又屡建功勋，深得臣民的尊敬，如果废了申生而改立奚齐，那么她就要被人唾骂了。骊姬真的像她说的那样想吗？不，她只是假装反对。她真正考虑的是如何彻底消灭申生，这样才能放心地把自己的儿子扶上太子之位。

申生有一次来宫里问候骊姬，骊姬对他说："君侯前几天晚上梦见你母亲齐姜了，你回曲沃后赶紧祭祀你母亲，记得祭祀后把胙（祭祀用的肉）带来献给君侯。"申生急忙回到曲沃为母亲祭祀，完成了仪式后又带着胙准备来献给父亲。但是，晋献公正好外出打猎去了，于是申生就留下胙后回去了。骊姬就等着这个机会呢，她偷偷在胙中下了毒。两天之后，晋献公打猎回来，宫中的厨师献上了申生留下的肉胙，骊姬建议说："大老远送来的胙，要先检查一下才能给君侯吃。"于是，她让人切了一些胙扔在地上，那块地面马上鼓了起来，又扔给狗吃，狗吃了几口就死了，再给仆人吃，仆人也死了。

骊姬大哭道："太子怎么这样狠心啊，居然想要杀害自己的亲生父亲，他父亲已经这么年老了，还能活几年呀，太子却已经等不及了。"她又对晋献公说："太子这么急着想当国君，大概是担心奚齐夺了他的太子之位吧，我和奚齐还不如离开晋国或者干脆自杀算了，省的到时候被太子杀掉，当初君侯您要废太子，我还不忍心，今天我才知道自己错了。"骊姬自导自演了这一出苦情戏，晋献公却信以为真，以为申生真的要害他，立刻下令捉拿太子。

申生的结局

申生很快得到了消息，赶紧逃到新城去避祸。家臣劝他说："在胙肉里下毒的肯定是骊姬，太子为什么不去向国君辩解呢？"申生回答："我的父亲年纪大了，他现在离不开骊姬啊，一天没有骊姬，他就吃不下饭，睡不好觉，如果我向父亲说出了真相，那么他必会恼恨骊姬，今后他还能开心地活下去吗？所以我不能这样对待自己的父亲呀！"家臣们又劝申生赶紧逃离晋国，去别的国家躲一躲，可是申生回答："如果背着毒杀父君的恶名逃跑，有哪个国家会收留我这样卑鄙的公子呢？我还是死了算了。"过了几天，太子申生在新城自杀了。

以上申生的故事都出自《史记·晋世家》，《晋世家》记录的是晋国的历史。对于申生宁死不为自己争辩，宁死也不逃跑的举动，司马迁在《晋世家》中并没有做任何评论，然而在另外一篇记录卫国历史的《卫康叔世家》中，司马迁却提到了申生，认为他不敢揭露骊姬的罪行，是为了不伤害父亲，然而他最终这样死去的结局是非常悲惨的。春秋时代的人究竟会把什么看得最重要呢？也许从太子申生的故事里，我们会得到一些不一样的答案。

文化常识

胙——祭祀用的肉

在太子申生的故事中，骊姬运用卑鄙的手段陷害了申生，而她使用的重要物品就是胙。胙是古人祭祀先人用的肉，在祭祀完成后，这个胙可以分给参加祭祀的人或者其他相关的人。如果是天子祭祀后将胙分给诸侯，则是一种赏赐，对受胙的诸侯来说，是一种莫大的荣耀。在这个故事中，申生祭祀母亲之后的胙是献给晋献公，表示对父亲的尊重。

"文武胙"是周天子祭祀周室先祖——周文王、周武王的祭肉，是非常尊贵的物品，所以也只有为周室立下汗马功劳的诸侯才有资格获赐。春秋时代，周天子曾经将"文武胙"赐予齐桓公，战国时代的秦孝公也曾获"天子致胙"，他的儿子秦惠王也获得"天子至文武胙"的荣耀，可见这两位秦君是战国时代的天下霸主。

原文选读

《史记·晋世家》选段

冬，献公私①谓骊姬曰："吾欲废太子，以奚齐代②之。"骊姬泣曰："太子之立，诸侯皆已知之，而数③将兵，百姓附④

之，奈何以贱妾之故废适^⑤立庶？君必行之，妾自杀也。"骊姬详^⑥誉^⑦太子，而阴^⑧令人谮恶太子，而欲立其子。

注解

① 私：私下。② 代：取代。③ 数：屡次。④ 附：归顺，归附。⑤ 适：此指嫡长子。⑥ 详：同"佯"，假装。⑦ 誉：称誉、夸赞。⑧ 阴：暗中。

7. 晋文公——霸主的崛起之路

晋国与周室同为"姬"姓，晋国的第一位君主是叔虞，他是周武王的儿子。周武王死后，尚未成年的周成王继位，并由他的叔叔周公旦辅佐。有一天，年幼的周成王和他弟弟叔虞在树下玩耍，周成王捡了一片桐树叶子，把它做成圭（玉器，上圆下方）的形状。因为当时周公旦刚为周室平定了发生在"唐"这个地方的叛乱，所以周成王把树叶递给叔虞时说："拿着它，我就把唐地封你吧，由你做唐地的诸侯！"没料到，站在旁边的史官把这件事记录了下来，并恭请周成王选一个吉日，为叔虞举行分封仪式。周成王赶紧说："不不不，我跟叔虞闹着玩呢，不是真的要分封啊！"史官正色道："天子无戏言，天子说的话史官就要记录，而且要按天子说的举行仪式。"于是，因为周成王的一个玩笑，叔虞就真成了唐地的诸侯，从此以唐为氏称为"唐叔虞"，他的儿子燮继承君位后，改称唐为晋，唐叔虞的后世子孙们也就成了晋国的诸侯。

申生和重耳的父亲——晋献公，就是晋国的第十九任君主。

晋国的内乱

太子申生被骊姬陷害而自杀，但骊姬仍然忌惮另外两个能干的公子——重耳和夷吾，于是她如法炮制地陷害他们，告诉献公这两位公子知道太子下毒的事情。重耳和夷吾听到风声，赶紧逃到各自的城邑去了，这让晋献公更加怀疑他们是申生的同谋，于是下令追捕他们。重耳居住的蒲邑很快被攻破，一名叫履鞮的宦官受命捉拿重耳，眼看要拿住重耳了，重耳情急之下翻墙逃走，履鞮直冲上前挥刀一砍，结果没砍到重耳，仅仅砍断了他的衣袖。

后来重耳逃到了狄国，夷吾逃去了梁国。平定了国内后，晋献公又开始四处征伐，他攻占了很多戎、狄的土地，甚至像虢国、虞国等周室的小诸侯也被他吞并了（"假虞灭虢"的故事详见本书《百里奚——大夫号称五羖》），晋国变得越来越强大。

几年后，当齐桓公召集诸侯在葵丘会盟时，晋献公生了重病没能参加，他自知死期不远，吩咐让奚齐继承君位。可是献公又担心奚齐年纪太小，于是安排荀息主持朝政，让他辅佐新君。晋献公去世没多久，以里克为首的一伙大臣就发动了政变，他们原先都支持太子申生，对申生的屈死始终耿耿于怀。里克杀死了奚齐以及他的弟弟悼子（骊姬的妹妹所生），荀息无力保护奚齐和悼子，自己也无奈自杀，晋国一时出现了没有国君的混乱局面。

里克等人先派人去狄国迎接重耳，希望他回晋国继承君位，重耳觉得晋国内乱未平，婉言拒绝。于是里克等人又去梁国迎接夷吾，夷吾也觉得回国有危险，但他非常渴望得到君位，于是他请求秦国派兵保护他。与此同时，齐桓公为了帮助晋国平定动乱，也派了军队来保护晋国的新国君，于是夷吾在诸侯们的保护下，回到了晋国成了新君侯，这就是晋惠公。

重耳的流亡

晋惠公不放心在狄国避难的重耳，怕他哪天回来威胁到自己的君位。晋惠公于是命宦官履鞮去狄国刺杀重耳，重耳得到了消息后决定再次逃亡。因为狄国离晋国太近了，所以这回他决定逃往齐国寻求齐桓公的庇护。重耳43岁时逃到狄国避难，此时已是五十多岁的人了，他和一群忠心耿耿的亲信家臣又踏上了流亡之路。

重耳一行从狄国逃出，经过卫国到达齐国，齐桓公对重耳很客气，还将齐国宗室的女子嫁给他，但第二年齐桓公就死了。在齐国住了五年之后，重耳在家臣们的督促和保护下又开始新的流亡。他们经过了曹、宋、郑等国，到达了强大的楚国。楚成王用对待诸侯的尊贵礼节对待重耳，令他受宠若惊。楚成王问他："如果哪一天你回到了晋国做了国君，你会如何报答我对待你的这份礼遇呢？"重耳回答："大王奇珍异宝多的是，这些都不能拿来报答您，实在要我报答的话……我想，万一哪天我们晋国和楚国发生了战事，那么我一定会在战场上为君侯的军队退让三舍的距离。"楚王手下的将军子玉听了这话很生气，觉得是对楚王的冒犯，但楚王仍然对重耳礼遇有加。

重耳在楚国待了几个月后，晋惠公去世了，晋惠公的儿子——太子圉，此时在秦国做人质，他偷偷从秦国溜回了晋国继承了君位，也就是晋怀公。晋怀公的行为惹恼了秦国的国君秦穆公，他决定扶持重耳回国取代晋怀公，于是重耳一行人从楚国被请到了秦国。当时在晋国国内也有很多支持重耳的人，他们也计划里应外合迎接重耳回国。晋怀公闻风而逃，后来被人杀死在逃亡的路上。终于，重耳在秦国军队的护送下回到了阔别多年的晋国，并被拥护为新的君侯，这就是日后称霸中原的晋文公。重耳自从43岁时遭逢骊姬之乱，之后一直在外逃亡，直至62岁时才回到晋国，在外整整流亡了19年。

晋文公的霸业

晋文公即位后，局势还不是很稳定，国内还有一些原先支持晋怀公的人，他们害怕被报复，于是密谋烧掉王宫，准备杀了晋文公。这个阴谋正巧被当年两次追杀晋文公的宦官履鞮知道了，这回他决定向晋文公告密，将功补过。然而文公一听是当年的仇人，坚决不肯接见他，还派人警告履鞮说："当年献公时，你在蒲邑追杀我，割掉了我的衣袖，后来惠公又派你带人到狄国来杀我，惠公命你三天时间到达，你居然一天就赶到了，你追杀我可真够心急的啊，你现在居然还好意思来求见我，自己先好好反思吧！"履鞮回报说："君侯，我是一个受了宫刑的宦官，当年都是替国君办事，小人不敢有二心，所以得罪了您。现在您虽然回国成了新国君，但是当年在蒲邑和狄国那样加害您的事，难道就不会再次发生吗？况且我听说管仲曾射中过齐桓公的带钩，后来依然得到宽恕，最终辅佐桓公成就了霸业。我深知自己是个有罪之人，即便如此，我也请求向您禀报重要的事情，君侯如果不肯接见的话，恐怕有灾祸降到您头上啊！"晋文公觉得履鞮说的很有道理，于是放下成见，接见了履鞮。履鞮将知道的阴谋全部告诉了晋文公，后来晋文公在秦穆公的帮助下化险为夷，粉碎了这次阴谋，彻底结束了晋国的内乱。

晋文公稳定了国内的局势后，在一群贤臣良将的辅佐下，一方面对国内百姓广施恩惠，使国力迅速恢复，另一方面帮助周天子平定了王子带的叛乱，获得了天子和诸侯们的信任。当时，楚国经常攻打邻近的诸侯国，逼迫他们依附自己，齐桓公去世后，诸侯们也群龙无首，无力与强大的楚国抗衡。随着晋国的稳定和强大，越来越显露出中原领袖的实力，不少诸侯都想依附晋国，得到保护，于是晋楚之间的矛盾日益激化。

晋文公即位的第五年，楚军包围了宋国都城，宋国向晋国求救。当年晋文公流亡时，宋襄公曾对他以礼相待，但楚成王也同样礼遇过他，晋文公既想救宋又不想与楚国开战，进退两难。后来，晋文公听取了大臣先轸的建议，率军攻打依附楚国的曹、卫两国，希望楚国为了救援曹、卫而放弃对宋的包围。楚成王也不愿与强大的晋军对抗，因此决定从宋国撤军，但将军子玉却坚决不同意，认为楚王对晋国太客气了。无奈之下，楚王留给子玉一支军队，自己率领主力撤退，并嘱咐他尽量不要与晋文公作战，但子玉却偏偏要和晋军决一雌雄。

终于，晋楚两军对阵，大战一触即发。楚军在子玉的指挥下率先发动了攻击，晋文公命令军队不要迎战，先撤退，楚军再攻，晋军再退，将军们疑惑地问文公："我们为何一退再退啊？"晋文公说："当年我流亡到楚国时，曾受到楚王的礼遇，为了报恩，我答应他以后交战时会先退让三舍的距离。"就这样，晋军一直后退到城濮这个地方安营扎寨，而此时，楚军也因为长途追击而丧失了锋芒。在晋文公的号令下，晋军抓住楚军疲惫休息的时机，第一次擂响了进攻的战鼓，憋着一口气的晋军向楚军发起了凶猛的进攻，晋军最终大胜。

晋楚城濮之战，树立了晋文公的威望。晋文公之后在践土这个地方举行了诸侯的会盟（史称践土之盟），周天子派王子虎赐给晋文公马车、红色弓箭等贵重礼物以及三百名勇士，并正式任命晋文公为"伯"（即霸主）。晋文公于是继齐桓公之后，正式成为天下的霸主。晋文公在位虽然只有9年，但为晋国的霸业打下了坚实的基础，之后晋国的数代国君都发挥着匡扶周室，领导诸侯的作用。因而在春秋时代，晋国与楚国形成了多年对峙争霸的局面。

🌑 文化常识

姓和氏——唐叔虞，其实姓姬

《晋世家》记载了晋国的先祖唐叔虞获封诸侯的有趣故事，因为周成王的一个玩笑，他不仅仅得到了一片桐树叶子做的"玉圭",同时得到了"唐"这个封地。

唐叔虞,和周成王一样是周武王的儿子,所以他姓"姬",名"虞",名字中的"叔"代表他是幼子,那么,按照我们现在的习惯,就应该称他为"姬叔虞",但为什么在《史记》中,叔虞受封唐地之后,就称他为"唐叔虞"了呢?我们一起来了解一下关于姓和氏的知识。

我们现代中国人的姓氏是自己祖先和血缘的标志,但姓氏在先秦时代,包含了两个概念,即"姓"与"氏"。

"姓"标识了个人最初的祖先来自哪一个部族,但很难考证祖先具体是哪一个人,比如我们被称为"炎黄子孙",黄帝姓姬,炎帝姓姜,他们出自不同的部族,但并不知道这些部族是从哪一个人开始这个姓的。据说姬姓部落是因为居住地旁边的河叫"姬水",而姜姓部落靠着"姜水"。我国古代这样古老的具有代表性的姓氏有八个,称为"上古八姓"(姬、姜、姒、嬴、妘、妫、姚、姞),我们很容易发现,这些姓都是女字旁的,这意味着部落在最初形成的时候都是母系氏族。

"氏"是从部族中分出来的人根据自己的封地、官名、职业等给自己取的区别于姓的氏族称呼,他之后的子孙沿用了这个称呼,变成了这一家族的"氏"。比如春秋战国时以国名为氏的"齐、晋、宋、郑"等,以职业为氏的"巫、陶、屠、卜"等,以居住地为氏的"南郭、东郭、西门"等,还有以官职为氏的"司空、司徒、司马"等。所以先秦时代的人,既有姓,又有氏,也有名。

到了秦汉时期,随着社会的发展,姓和氏逐渐合一,不再特别加以区分。司马迁的《史记》是西汉时所写的，所以《史记》中人物姓名称呼，也没有做姓氏上的严格区分。比如上文中"唐叔虞"就是用他的封地为氏，用氏和名称呼其为"唐叔虞"，如以姓名称呼的话，应该是"姬叔虞"。再比如我们熟悉的秦始皇"嬴政"，"嬴"是秦国王族的姓，而"赵"才是他们的氏，所以如果像"唐叔虞"那样用氏加名称呼秦始皇的话，就应该叫他"赵政"而不是"嬴政"。

原文选读

《史记·晋世家》选段

成王厚遇①重耳，重耳甚卑。成王曰："子即反②国，何以③报寡人？"重耳曰："羽毛齿角玉帛，君王所余④，未知所以报。"王曰："虽然⑤，何以报不谷⑥？"重耳曰："即不得已，与君王以兵车会平原广泽，请辟⑦王三舍⑧。"

注解

① 遇：对待。② 反：同"返"，回归。③ 何以："以何"，用什么。④ 余：有余。⑤ 虽然：即使这样。⑥ 不谷：诸侯君主的谦称。⑦ 辟：同"避"，避开，退避。⑧ 舍：读shè，古代行军一舍为三十里的距离。

8. 狐偃、介子推——臣子的不同选择

晋文公之所以能夺得君位并成就霸业，离不开辅佐他的一群人，这群人舍生忘死地保护重耳在骊姬之乱时逃离晋国；这群人寸步不离地陪伴重耳经历了19年的流亡生活；这群人又忠心耿耿地辅佐重耳治国强军，称霸天下。在《晋世家》中出现的家臣群像中，司马迁对狐偃和介子推这两位的记载尤为特别，在他们身上既可以看到作为臣子的共同点，也可以看到完全不一样的秉性和人格。

狐偃的鞭策

狐偃既是重耳的臣子也是他的舅舅，重耳自小就接受狐偃等人的教导，逐渐成长为贤能的公子。在重耳身边，慢慢集聚了以狐偃、赵衰、贾佗、先轸、魏武子等"五贤"为首的亲信家臣，无论重耳到哪里，这些亲信都不离不弃地保护辅佐他。重耳43岁时遭逢骊姬之乱，狐偃等数十名亲信护送重耳逃到狄国避难。客居狄国12年后，为躲避晋惠公的追杀，狐偃又力主重耳逃往齐国，继续着漫长的流亡生涯。

对于重耳及其家臣们来说，最大的危险来自两个方面：其一，显而易见的威胁来自晋君，无论是谁做晋君，重耳的存在都会对君位产生巨大威胁，因为他既有继承君位的身份资格，又有继承君位的实力；其二，更加隐蔽的危险来自重耳自身，如果重耳贪图安逸，放弃追求，壮志未酬客死他乡将是更大的危险。重耳在齐国时也确实经历过这样的危险，狐偃拯救了他。

重耳在齐国时，齐桓公将宗室之女嫁给他，重耳享受着贵族礼遇，忘了自己是寄人篱下，居然在齐国一住就是五年。重耳一天天地苟且，可把赵衰和狐偃等人急死了，连他的齐国夫人都质问他："你无路可走逃到齐国，那么多贤士跟着你，难道你不想回国掌权，报答这些跟随你的部下吗？你天天躲在安乐窝里，我都替你害臊啊。"但重耳并没醒悟。软的不成，那就来硬的吧。这天，重耳又喝得大醉，属下们趁他没醒过来，把他抬上了马车，大家打点行装一起离开了齐国。当重耳醒来时，发现已经离开齐国很远了，他勃然大怒，提起身旁的长戈就想把带头的狐偃杀了。狐偃毫不畏惧地说："动手吧，如果把我杀了能够成全你的事业，这正是我日夜期盼的事情啊。"重耳听他这么一说，酒也醒了，人也冷静下来了，但还是恨恨地说了一句："如果事业不成，我就吃了舅舅你的肉。"狐偃回答："事不成的话，你随便吃，反正我的肉又腥又臊，不值得你吃啊。"于是两人在半开玩笑的对话中继续前进。

介子推的退出

在跟随重耳流亡的队伍里，有一个臣子叫介子推，《晋世家》中并没有记录介子推在流亡过程中的言行，他的故事主要出现在重耳结束流亡之后，回国登上君位的那段时间。

秦穆公派军队保护重耳回晋国，众人来到黄河边，渡过黄河就是晋国，重耳一行终于要结束漫长的流亡了。这时狐偃对重耳说："我跟从主公多年，一路上犯了不少过错，我请求现在就离开您。"重耳以为狐偃因为以往的过失而害怕被他惩罚，于是对着黄河发誓说："我回国之后，一定和你同心共事，不会翻旧账惩罚你，我请河神给我们作证。"说完，重耳将随身佩戴的玉璧扔进黄河，作为盟誓的见证。狐偃非常感动。这一幕也被同船的介子推看到了，他笑着对旁人说："我们主公得到上天的保佑就要成大事了，但狐偃却认为这是他的功劳，居然在这里以这种方式邀功请赏，真让人感到难堪羞耻啊！我可不想和这样的人一起共事。"介子推于是趁大家没注意，悄悄地离开了。

晋文公回国后对有功之臣一一封赏，但介子推从没主动向晋文公请过赏。他对母亲说："晋献公有多个儿子，现在只剩下君侯一个，可见君侯是真正能够继承晋国大业的人，这是上天在保佑着君侯啊，但是臣子们却以为这是他们的功劳。常言道，偷人家财物的就是贼，那么偷上天功劳的人又是什么呢？臣子掩盖自己的过失，主君赏赐不诚实的臣子，上下欺瞒，我无法和他们一起相处。"母亲看到儿子如此坚定耿直，就对他说："如果你心意已决，那么我就和你一起隐居吧！"后来母子俩真的隐居起来，再也没有人见到他们。

晋文公后来想到了介子推，于是他带人去找介子推母子。有人说他们隐居在绵山上，晋文公绕着绵山找了一遍也没能找到，他下令把整座绵山都赏给介子推，并将它改名为"介山"，以此记录自己的过失，表彰贤达的人。

谁是真正的贤者

狐偃和介子推，同样自始至终跟随辅佐晋文公，等到晋文公夺得大权后，狐偃选择继续辅佐晋文公治理国家，而介子推则选择不受俸禄和赏赐，默默地离开了，究竟哪种做法值得肯定，谁又是真正的贤者呢？

也许并不存在标准答案，不同的人有不同的选择。狐偃、赵衰这些留下来的臣子，得到了他们的权势和光荣，他们仍继续为晋文公贡献自己的智慧，辅佐文公富国强兵，在城濮之战中战胜楚国，打下晋国几代君侯称霸的基础。而介子推呢，他没有享受荣华富贵，默默地消失了，但他不受禄的美名却流传至今，在《史记》记录之外，更留下了许多关于他的传说，"寒食节""介山"等相关的故事中都出现了他的名字，歌颂着他的忠诚和高洁。

司马迁的《史记》，让我们看到了许多人物的不同选择，让我们了解了先人们在各自生命中的探索，也为我们提供了许多思考和借鉴，这就是《史记》的魅力所在吧。

🎴 文化常识

寒食节——关于介子推的传说

《史记》中关于介子推的记载，主要归纳为两件事：一是过黄河时讽刺狐偃的求功；二是拒绝晋文公的俸禄，和母亲一起归隐，晋文公将绵山改为"介山"。除此以外，《史记》中并没有其他关于介子推的故事情节。然而，关于介子推和重耳之间的故事，后世却有不少传说流传至今，最著名的是"割肉啖君""放火烧山"两个故事。

"割肉啖君"讲的是重耳一行人在流亡途中差点饿死，介子推悄悄割下自己大腿上的肉，煮熟了给重耳吃。《晋世家》中确实记载了重耳流亡到卫国挨饿的情节，属下向农夫讨食物，农夫盛了一碗土给重耳。重耳正要发怒，赵衰这时劝他说，别生气，获得土地是个好兆头啊。但《史记》中并没有吃臣子肉这一情节，最接近的也许就是离开齐国后，重耳和狐偃斗嘴，一个说要吃舅舅的肉，另一个说自己的肉不好吃，但这与真正的吃人肉差远了。不过"割肉啖君"这个传说中，似乎有以上两个情节的影子。

"放火烧山"讲的是晋文公最后在绵山找不到归隐的介子推母子，于是下令放火烧山，想让烟火把介子推逼出来，结果介子推母子被活活烧死在绵山上，晋文公非常懊恼，为了纪念介子推，晋文公下令在介子推忌日这一天，禁止烟火，连用火煮食物都不行，于是百姓只能吃冷食，传说这就是"寒食节"的由来。

这两个传说在《史记》《左传》等正史中都没有记载，

但一直流传到现在。无论是正史或传说，也无论真正的史实是怎样的，后世的中国人就是通过讲述这样的故事，来赞美介子推代表的那种耿直忠诚和义不受禄的崇高精神。

原文选读

《史记·晋世家》选段

去①，过宋。宋襄公新困②兵于楚，伤于泓③，闻重耳贤，乃以国礼礼于重耳。宋司马公孙固善于咎犯④，曰："宋小国新困，不足以求入，更⑤之大国。"乃去。

注解

① 去：离开。② 困：打败。③ 泓：泓水（地名，指宋楚泓水之战）。④ 本句：宋国的司马公孙固与咎犯（即狐偃）的关系很好。⑤ 更：改变，改换。

秦穆公

篇

秦穆公篇　人物关系图

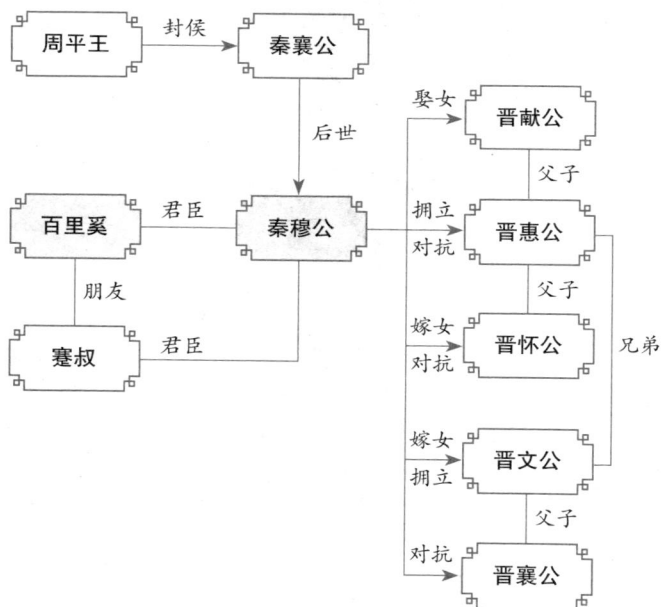

```
┌─────────┐   封侯   ┌─────────┐
│  周平王  │ ──────→ │  秦襄公  │
└─────────┘          └─────────┘
                          │
                         后世                          娶女   ┌─────────┐
                          │                          ──────→ │  晋献公  │
                          ↓                                   └─────────┘
┌─────────┐   君臣   ┌─────────┐                                   │
│  百里奚  │ ──────→ │  秦穆公  │                                  父子
└─────────┘          └─────────┘         拥立                      │
     │                    │              对抗    ┌─────────┐       │
    朋友                   │           ──────────→│  晋惠公  │       │
     │                    │                      └─────────┘       │
┌─────────┐   君臣        │              嫁女          │           │
│  蹇叔    │ ─────────────┘              对抗         父子         兄弟
└─────────┘                          ──────────→┌─────────┐       │
                                                 │  晋怀公  │       │
                                                 └─────────┘       │
                                        嫁女                       │
                                        拥立    ┌─────────┐       │
                                     ──────────→│  晋文公  │───────┘
                                                 └─────────┘
                                                     │
                                        对抗        父子
                                     ──────────→┌─────────┐
                                                 │  晋襄公  │
                                                 └─────────┘
```

9. 秦穆公——雄主称霸西戎

在晋文公的故事中出现的秦穆公，也是春秋时期的一位霸主。在讲述他的故事前，我们先来了解一下秦国先祖的历史。

秦国的先祖叫非子，他擅长养马，周天子赐他秦地，非子及其家族后代就在那里养马，同时也为周室防御西边的戎族。周幽王被犬戎杀死在骊山之下后，秦襄公率领军队攻打戎族，一路护送周平王及周室迁徙去雒邑，周平王后来正式封他为诸侯，并将岐山以西的土地分给他。于是秦国从襄公开始建国，在原先周室所在的中原西部地区讨伐西戎，逐渐扩充领土，发展国家。秦国的第九位国君就是秦穆公，在《史记》里，秦始皇之前的秦国历代国君的历史都被记载在《秦本纪》这一篇中。

秦晋之好

秦、晋都是周室的诸侯大国，秦国在西，晋国在东，中间只隔着条黄河，因而两国都相互重视。秦穆公在位期间，两国更是互相联姻，结成"秦晋之好"。然而事实上，秦穆公在位时，晋国却经历了前后三代人共五任国君（除去未成年的奚齐、悼子），分别是：献公、惠公、怀公、文公、襄公。秦穆公与这些晋君都打过交道，秦晋两国也随着形势的变化恩怨交加，时而和睦，时而兵戎相见。

秦穆公刚即位时，晋国的国君是晋献公。秦穆公向晋献公求亲，献公将自己的长女，也就是太子申生的姐姐嫁给了秦穆公为妻。晋献公去世后，晋国臣子里克杀了继任的幼君奚齐、悼子，他先邀请重耳回国遭到拒绝，转而又请夷吾回国继任。夷吾想回国，但又担心有危险，于是请秦穆公派军队护送自己回国，并许诺将黄河西边的八座晋国城邑作为答谢送给秦穆公。结果等夷吾（晋惠公）即位后，他却派人回复秦穆公说："因为晋国大臣们反对，所以我不能把许诺的八座城邑给你了。"就这样，惠公把答应的事情赖掉了。

没过多久，晋国发生了旱灾，老百姓没有粮食吃，晋惠公只能向邻国秦国求救。秦穆公听了百里奚等臣子的建议，不计前嫌，送去了不少粮食。过了两年，秦国闹饥荒了，秦穆公期待着晋惠公的救援，毕竟自己不久前帮助过晋国。万万没想到，粮食没等来，却等来了晋国的军队。原来晋国的君臣商量后，不但不施以援手，反而想趁着秦国闹灾的机会抢夺秦国的土地。这回可真把秦穆公气坏了，他率领愤怒而饥饿的秦军在韩地奋力迎战晋军，还把晋惠公给活捉了过来。秦穆公想把忘恩负义的晋惠公当祭品给宰了，周天子听说后赶紧派人替晋惠公求情。另一方面，秦穆公的夫人也想救弟弟（穆公的夫人与晋惠公是同父异母的姐弟），于是她在家里穿着丧服、光着脚以示哀悼。秦穆公总算没杀掉晋惠公，秦晋两家盟誓之后，穆公客客气气地送惠公回国。晋惠公这回也算是知恩图报，一回国就把以前爽约的河西城邑献给了秦国，还把自己的儿子公子圉送到秦国做人质，秦穆公则把自己的女儿嫁给了公子圉。于是秦穆公既是晋惠公的姐夫，又成了他的亲家，这时的秦晋之好似乎好上加好了。

几年之后，晋惠公病重，公子圉害怕自己的君位会被其他人夺去，于是瞒着秦穆公，丢下秦国的夫人，孤身逃回了晋国，并顺利成了晋侯（晋怀公），然而他这番操作却大大得罪了秦穆公。秦穆公决心推翻晋怀公，于是他从楚国迎来了重耳，将秦怀公留在秦国的夫人（自己的女儿）改嫁给了重耳，并派遣军队护送重耳回国争夺君位。最终重耳取代了晋怀公，晋怀公在逃亡的路上遇害身亡。此后，重耳领导晋国走上了称霸之路，但他始终记得秦穆公的大恩，因而晋文公在位时，秦晋两国亲密合作，经历了一段和睦美好的时期。

秦晋之战

晋文公在位九年后去世了，这时郑国有人向秦国送消息，说自己掌管着郑国的城门，可以做内应，如果秦军来偷袭郑国必定成功。秦穆公不顾蹇叔和百里奚等人的反对，派遣大军千里奔袭，不料半路被郑国商人弦高用计拖延，失去了伐郑的时机。但在回国前，秦军顺手灭了一个小诸侯国——滑。

滑国虽小，但与周室同姓姬，又在晋国旁边，秦国擅自攻灭滑国，立刻引起了晋国君臣的不满。而此时晋国国内，晋文公刚死不久，他的儿子晋襄公还在服丧，襄公认为秦国此举是对晋国的挑衅，是对自己的侮辱。于是晋襄公将白色丧服染黑，亲自率领军队去拦截回国的秦军，并且在崤山几乎将秦军杀得片甲不留，只剩下秦国的三个将军被活捉了回来。晋文公的夫人是秦国人，她对晋襄公说："我父亲秦穆公，对这三个败军之将简直恨之入骨，你何不把他们放回去，让秦君亲自烹杀了他们解恨。"晋襄公于是把三个将军放了，三人回到秦国时，秦穆公身穿丧服迎接他们，哭着说："我没听从百里奚和蹇叔的话，让你们三位兵败受辱，你们何罪之有？请几位回来后好好休养生息，我们一定要报仇雪恨。"说完，他仍让三位将军担任原职。四年之后，穆公再次发兵讨伐晋国，秦军渡过黄河后，就把渡船全部毁坏。凭着这股不胜不归的拼死劲头，秦军获得胜利，秦穆公在崤山亲自举行仪式，安葬了当年阵亡的将士尸骨，告慰他们的在天之灵。

君臣之交

秦穆公重用百里奚、蹇叔、丕豹等贤臣，他并不在意臣子是从别的诸侯国来的，也不在意他们原先的地位，他求贤若渴，从谏如流，也勇于承认自己的错误。秦穆公不但重视自己的臣子，对普通百姓也能施与恩惠。有一回，穆公丢失了一匹良马，那时候秦国闹饥荒，这匹马在岐山下被人宰杀后吃掉了，共有三百人分享了马肉。官吏很快捉到并准备惩处这批人，秦穆公知道后说："君子不会因为牲畜杀人，我听说吃了马肉不喝酒有害健康。"于是他非但赦免了这些人，还派人送酒给他们喝。这三百人为报答秦穆公，后来都参加了秦穆公抵抗晋军的战斗。在秦穆公受伤并被包围的千钧一发之际，正是这三百人拼死冲入敌阵救出了秦穆公，报了穆公当年的食马之德。

秦穆公在与晋国的较量中，逐渐领悟到，想要跨越这个强大的对手染指中原，秦国的实力还不足够，条件也不成熟。于是他逐渐放缓了对东方的经略，而调转方向专注于对西部的开拓，不断征伐西戎。戎王曾派来一位使者名叫由余，由余的祖先是从晋国逃到西戎去的。秦穆公发现由余是一位非常有见地的人才，西戎有这么能干的人，对秦国来说却是个祸患。于是他一方面厚待由余留在秦国，拖延时间，另一方面派人送了十几名美艳的歌姬给戎王。不久，戎王因为沉迷享乐而不理朝政，等由余回国后，戎王也与他疏远了。相反秦穆公则不断派人邀请由余，招纳他来秦国效力，由余在秦穆公的礼遇下终于归顺了秦国。

等到时机成熟，秦穆公就起兵讨伐西戎，在由余的情报和策略下，穆公先后吞并了西戎的12个国家，扩充了上千里的土地，成为西部的霸主，周天子也派人送去金鼓作为礼物以示祝贺。在秦穆公去世的这一年，晋襄公也去世了，这时秦国独霸西方的格局已经形成，而晋国在中原的霸权则不断受到楚国的挑战。

🔴 文化常识

素服——丧服不全是白色的

在秦穆公的故事中，几次出现了人物身穿"素服"的场景。素服从字面解释是没有任何修饰的衣服，而实际指的是丧服。周代葬礼，死者家属身穿用麻制成的衣服，由于麻经过漂白晒干等工序后，显现出一种米白色，所以素服即白色的丧服，或称孝服。中国古代的葬礼及丧服制度在不断演化中曾变得极为复杂，直到现在，我们也一直保留着在葬礼上身穿白色衣服的传统。

秦晋崤之战发生在晋文公的丧期内，因而晋襄公率领军队袭击秦军时，他还身穿着白色的丧服。按照当时的礼制，晋襄公在父亲丧期内不能脱掉丧服，但穿着白色的丧服又不宜率军作战，为了展现自己的决心和义愤，晋襄公索性将丧服涂黑，涂抹成与将士们的铠甲一样颜色后率军出战。这一慷慨激昂的举动，激发了晋军上下的斗志，他们同仇敌忾，在崤山将秦军一举全歼。《史记》中生动描写了晋襄公涂黑丧服、英勇出战、大胜而归的场景，而据其他史书记载，晋襄公从战场回来之后，仍然穿着这身黑色的丧服完成了晋文公的丧礼。因为这个原因，据说从此以后晋国丧礼上的传统就成了身穿黑色的而不是白色的丧服。

原文选读

《史记·秦本纪》选段

初①，缪公亡②善马，岐③下野人④共得而食之者三百余人，吏逐得，欲法之⑤。缪公曰："君子不以畜产害人。吾闻食善马肉不饮酒，伤⑥人。"乃皆赐酒而赦之。三百人者闻秦击晋，皆求从⑦，从而见缪公窘⑧，亦皆推锋争死⑨，以报食马之德。

注解

　　① 初：当初。② 亡：丢失。③ 岐：岐山。④ 野人：居住在郊野的平民。⑤ 法之：将他们法办。⑥ 伤人：对人身体有害。⑦ 从：跟从，跟随。⑧ 窘：窘困，境况危急。⑨ 推锋争死：不怕死地冲锋。

10. 百里奚——大夫号称五羖

齐桓公有良臣管仲，晋文公有首辅狐偃，而秦穆公身边最有名的贤臣就是百里奚。

被俘的虞国大夫

虞国和虢国都是周室分封的诸侯国，他们的祖先也都是周室的王族，所以与周、晋一样都姓姬。晋献公时晋国逐渐强大，四处吞并狄族和小诸侯国，虞国就在晋国的旁边。

这一年，晋献公准备讨伐虢国，但从晋国进军虢国必须经过虞国，于是晋献公派人向虞国国君借路，并送上骏马作为礼物。虞君收了礼物很开心，同意让晋军通过了自己国家。相比虞国和虢国来说，当时的晋国非常强大，所以晋军很快攻下了虢国的城邑，并经过虞国凯旋。过了几年，晋献公又一次向虞国借路讨伐虢国，不过这次晋侯的野心变大了，他准备彻底吞并虢国。

虞国有位大夫叫宫之奇，他看穿了晋献公的企图，预感到晋国攻灭虢国后，下一个要吞并的就是虞国。于是宫之奇劝虞君说："虞国和虢国互相挨着，就像牙齿和嘴唇的关系，如果虢国灭亡了，就像失去了嘴唇，嘴唇没有了，牙齿就会感到冷了，这就是唇亡齿寒的道理啊！晋国这次怕是想要攻灭虢国，我们千万不能再借道给他们了。"然而虞君不以为意，仍然借路给晋军。宫之奇见虞君这么糊涂，亡国只在旦夕，于是他就带着家人离开了虞国。不久，晋军攻灭了虢国，在回去经过虞国时，果真对虞国发动了袭击，并且一举吞并了虞国，虞君也成了阶下囚。晋军还缴获了当年送给虞君的骏马，献公拍着马笑道："马还是我的那匹良马，可惜就是老了啊。"

虞国的卿大夫们和虞君一起成了俘虏，其中就有大夫百里奚。

五张黑羊皮赎回的大夫

当时战争中的俘虏往往被变卖为奴隶。虞国被吞并后，晋献公的女儿嫁给了秦穆公，百里奚就作为晋国陪嫁的一名奴隶被送往了秦国。不久百里奚就想办法从秦国逃去了楚国，但不幸的是，他又被楚国士兵抓住了。秦穆公听说了百里奚的事，他知道百里奚是一个难得的人才，于是想花重金把百里奚从楚国赎回来。但是，他又怕花这么多钱买个奴隶会惊动楚国人，最后，秦穆公想了个主意。他派人对看管百里奚的人说："秦国有一个叫百里奚的老奴，他逃到楚国被你们捉到了，我们想用五张黑羊皮把这个奴隶赎回去，请你们行个方便吧。"楚人果然同意了，百里奚就这样被赎回到了秦国，这个时候百里奚已经七十多岁了。

百里奚一到秦国，秦穆公就释放了他，并且非常恭敬地向他讨教治国的方法，但百里奚觉得自己是个亡国的臣子，没有资格探讨治国之道。于是秦穆公对他说："虞国亡国，是因为虞君不重用你，你并没有过错啊。"在秦穆公的执意请教下，百里奚与他一起探讨了整整三天，秦穆公被百里奚的才能折服了，决心任命他为大夫，把国政全部交给百里奚。后来人们称百里奚为"五羖大夫"，"羖"是黑羊皮的意思，"五羖大夫"就是指百里奚当初是用五张黑羊皮赎回的。

百里奚并不贪图权力地位，他向穆公推荐说，有一个比自己贤能的朋友叫蹇叔，世人都不知道他的名字和才能，但蹇叔曾在三次紧要关头帮助百里奚，前两次百里奚都听从了蹇叔的劝告而成功躲过了灾祸，但最后一次就因为没有听从蹇叔，百里奚才落到了被俘为奴的下场，所以百里奚非常钦佩蹇叔的智慧和才能。秦穆公立刻派人找到蹇叔，并用重金拜蹇叔为秦国的上大夫。从此，蹇叔和百里奚两人同心协力辅佐君侯，成了秦穆公的左膀右臂。

哭师的大夫

随着秦国不断富强，秦穆公的野心也在膨胀。在晋文公去世不久，秦穆公得知郑国有人愿为秦军做内应，便立刻准备派兵前去袭郑。秦穆公的计划遭到了百里奚和蹇叔的坚决反对，他们劝穆公说："我军要奔袭千里之远，经过好几个诸侯国，这么长的时间内，万一有人先把情报传递给郑国，他们一旦有所准备，我军的袭击就无法成功了啊。"但是秦穆公却坚信这是个千载难逢的良机，执意攻郑。他任命百里奚的儿子孟明视、蹇叔的儿子西乞术加上白乙丙三人为将，急速率军奔袭。

军队出发的那一天，百里奚和蹇叔哭着前来送行，秦穆公生气地责问道："我军出征，你们为什么跑来大哭，影响我军士气！"百里奚和蹇叔解释道："我们哪敢败坏士气啊，只是因为我们的儿子将率军出发，我们都已经老了，可能没办法活到他们回国的那一天了，此一去，父子恐成永别，所以我们才伤心落泪啊！"两位老人离开时，私下里嘱咐自己的儿子说："我军如果被击败，必然是在崤山的险要之处，你们要多加小心啊！"

秦军一路向东进发，先经过了晋国的领土，又经过了周天子所在的城邑。按照周代的礼制，路过天子的城门时，诸侯的军队必须下车通过，但秦军士兵却很敷衍地通过了周都的北门，周室的大夫王孙满见了后说："这么不讲礼法的军队，迟早会被打败的。"接着秦军又经过滑国，正巧遇到一个叫弦高的郑国商人赶着十二头牛去周地卖，弦高害怕被秦军抓起来，于是假装自己专程来献牛犒劳秦军，他对秦军将领说："听说秦国将要来讨伐郑国，郑国国内已经在做防备了，郑侯派我先来献这些牛犒劳将士们。"秦军将领听说自己的行踪已经败露，郑国已经严阵以待了，看来袭击注定失败，还不如掉头回秦国。于是，秦军停止向郑国进发，掉头撤军。然而，他们奔袭千里，还灭了滑国，触犯了晋国的利益，终于引发了秦晋崤之战（详见本书《秦穆公——雄主称霸西戎》），几乎全军覆没。

几年以后，孟明视再次率军讨伐晋国，报仇成功。秦穆公亲自来到曾经的崤山战场，埋葬了阵亡将士的尸骨，他身穿孝服，恸哭致哀了三天，然后对全军将士发表誓言，反思自己当年没有听从蹇叔和百里奚两位长者的劝告，以致酿成大错，枉送了这么多战士的性命，希望后世记住他的错误。

◉ 文化常识

名和字——百里奚和孟明视是父子吗?

在介绍晋国先祖"唐叔虞"这一称呼时，我们了解到《史记》中人物称呼的第一个字常常是他的"氏"。先秦时代，姓和氏是两个概念，秦汉以后，也就是司马迁的时代，姓和氏开始逐渐混用合一，所以《史记》中记述的人物名称究竟是什么，需要区别分析。

在本故事中，百里奚的儿子被称为孟明视，按照我们现在称呼姓和名的习惯，父亲姓百里，为什么儿子姓孟呢? 其实，在这个事例中，百里和孟都不是姓。百里奚的"百里"是他的氏，不是他的姓（百里奚的姓是姜）。"孟明视"这一称呼的三个字中，"视"是他的名，而"孟明"既不是他的姓，也不是他的氏，而是他的字。如果按照他父亲"百里奚"的称呼方法（氏加上名），那么我们可以称呼"孟明视"为"百里视"。

除了姓、氏之外，"字"又是什么意思? 古人为何还要取字呢? 古人成年之后，自己被平辈或晚辈直呼其名显得不够庄重，因此古人一般在成年后取"字"，这样在社交场合，平辈或晚辈称呼自己的字，而不是名，显得尊敬。而取"字"的方法有很多，一般是和自己的名相关联，在此不一一列举。

"孟明视"这一称呼中，出现了将人的"字"放在前面的称呼方法，这区别于将姓、氏放在名之前的情况，通过这个例子，有助于我们对"姓""氏""名""字"这四个不同的概念有更具体的了解，对我们认识《史记》中的人物或者阅读《史记》原文都会起到一定的帮助。（历代文人学者对百里奚与孟视明是否为父子也有不同的考证，有待读者去拓展探究。）

原文选读

《史记·秦本纪》选段

三十三年春，秦兵遂东①，更②晋地，过周北门。周王孙满曰："秦师无礼，不败何待③？"兵至滑，郑贩卖贾④人弦高，持十二牛将卖之周，见秦兵，恐死虏⑤，因献其牛，曰："闻大国将诛郑，郑君谨修守御备，使臣以牛十二劳⑥军士。"秦三将军相谓曰："将袭郑，郑今已觉⑦之，往无及⑧已。"灭滑。

注解

①东：向东进发。②更：经过。③待：等待。④贾：做生意，贾人即商人。⑤虏：被抓住。⑥劳：犒劳。⑦觉：觉察，发觉。⑧无及：没有机会（成功）。

楚庄王

篇

楚庄王篇　人物关系图

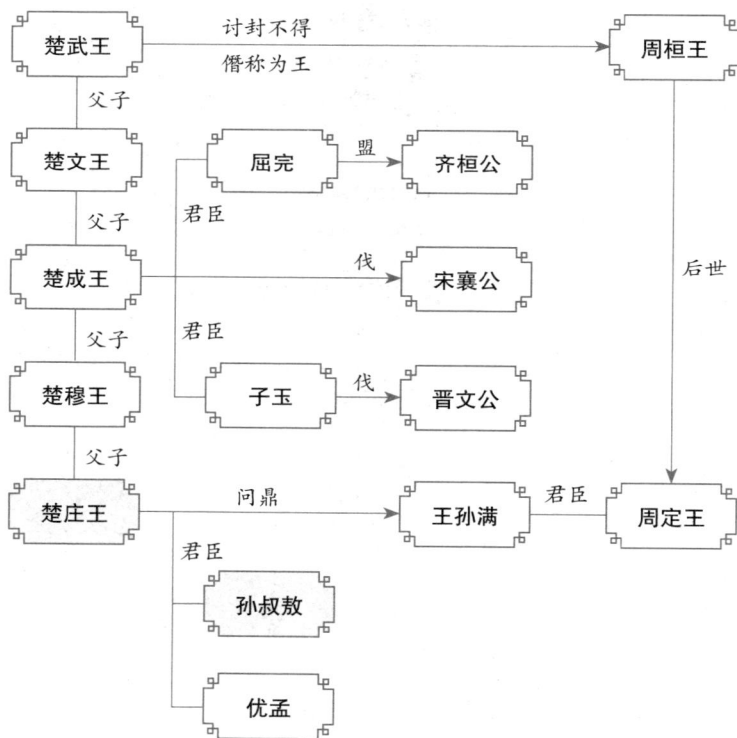

楚武王 ——讨封不得 僭称为王—→ 周桓王

楚武王 —父子— 楚文王

楚文王 —君臣— 屈完 —盟→ 齐桓公

楚文王 —父子— 楚成王

楚成王 —伐→ 宋襄公

楚成王 —君臣— 子玉 —伐→ 晋文公

楚成王 —父子— 楚穆王

楚穆王 —父子— 楚庄王

周桓王 —后世→ 周定王

楚庄王 —问鼎→ 王孙满 —君臣— 周定王

楚庄王 —君臣— 孙叔敖

优孟

11. 楚庄王——一鸣惊人震天下

楚国在南方的长江、汉水流域，传说楚王的先祖是黄帝的孙子颛顼，但楚国并非周室所分封的诸侯，所以在地处黄河流域的周天子及中原诸侯们看来，楚国是南方的蛮夷之地。但是进入春秋时代后，楚国日益强大，他们与周室及诸侯们的关系也越来越密切。到了楚王熊通在位时，他攻打了邻近的诸侯随国，并逼迫随国为他向周天子讨要尊号，结果遭到了天子的拒绝，熊通一气之下自封为王（即楚武王）。春秋时代，只有周天子才能称王，所以楚国国君自称为王，是完全不把周室放在眼里，想要和周天子平起平坐。在楚武王之后的楚文王、楚成王、楚穆王时代，楚国连续征伐，吞并了长江、汉水流域的很多小诸侯国，虽然齐桓公、宋襄公、晋文公先后与楚国对抗，但楚国的强大无法遏制。

一鸣惊人

楚庄王是穆王的儿子，他即位三年，但没有发布过一条政令，整日寻欢作乐。为了防止臣子们劝谏，他下令说："不许任何人谏言国事，谁向我谏言，我就杀了谁。"很多人望而却步，但仍有忠心耿耿的大臣想要拼死试一下。有一天，大臣伍举入宫拜见庄王，庄王正左拥右抱着美女欣赏着歌舞，没空理他。"我想让国君猜个谜语助助兴。"伍举等了半天，终于开口，庄王以为他真要出谜语，示意伍举说下去，"有一只鸟停在土山上，它三年不飞也不叫，国君您知道这是只什么鸟吗？"庄王回答："这只鸟三年不飞，但一飞起来就会冲上天，它三年不叫，但一叫就能惊到人，伍举你退下吧，我知道你想说什么了。"过了几个月，楚庄王丝毫没有收敛，继续寻欢作乐。另一位叫苏从的大夫，终于忍无可忍了，他冒死向庄王进谏，庄王问他："你敢谏言就会被处死，你难道不知道吗？"苏从回答："如果我的死能使国君变得贤明，那我正是得偿所愿了。"庄王听了，并没有真的处死他。不久后，楚王停止了享乐，他召集大臣讨论国事、处理政务，像变了个人似的。楚庄王一旦主政，不仅赏罚分明、雷厉风行，还重用了当初向他劝谏的伍举、苏从等贤臣，楚国上下欣喜地看到了一个焕然一新的国君，他像自己说的那只鸟一样一鸣惊人。在楚庄王的治理下，楚国对内改善了政策，对外吞并了庸国，打败了宋国，越发强盛起来。

问鼎天下

楚庄王的祖父楚成王曾向周天子进献贡品，周天子赐给他胙肉，希望楚国镇抚南方，不要入侵中原。后来，楚国不断征伐，势力越来越逼近中原地区，于是齐桓公率领中原诸侯讨伐楚国，楚成王不想与齐桓公冲突，派屈完与齐国谈判后达成了盟誓，各自撤军。等齐桓公死后，楚成王又开始连续讨伐吞并邻近的诸侯，宋襄公想要抵抗他，却被楚国在泓水之战中击败，受伤身死。接着，晋文公崛起，在城濮之战中战胜楚军大将子玉，从此确立了晋国的霸权，也开启了晋楚两强一南一北长期争霸的局面。

楚庄王时，晋国经过晋文公、晋襄公两代的全盛期后，国内开始出现各种矛盾，因而放缓了对外称霸的步伐。楚国则显现出独霸天下的气势，连周天子遇到戎族侵扰都向楚庄王求援，楚庄王率军北上施救，打败了周都雒邑附近的陆浑戎。但楚军平定戎乱后，居然在雒邑的郊外，大张旗鼓地进行了阅兵仪式。周定王只能派了大夫王孙满去犒劳楚军，楚庄王向王孙满问了个冒犯天子的问题："天子的九鼎有多重？"周室的九鼎代表的是周天子的权威，诸侯是不应该问关于鼎的轻重等问题的，更不应该向周天子的使者打听，这是极大的不尊重。面对楚庄王咄咄逼人的提问，王孙满回答道："统治天下主要看是否施行德政而不是九鼎的轻重。"楚庄王被激怒了，嘲讽道："你们有九鼎没什么了不起的，只要把我们楚国那么多士兵的刀尖折下来，就足可以铸造出九鼎来。"王孙满并没有被楚庄王的口出狂言吓倒，他坦然回答："国君您知道，当年夏朝鼎盛时，天下九州都来进贡，于是用天下进贡的青铜铸成了九鼎，后来夏桀不修德政，九鼎就归了商，殷商持续了六百年，到了残暴的商纣王时灭亡，九鼎从此属于周室。所以说如果天子修德政，那么鼎再小也移不动，如果天子不修德政，那么鼎再大也是能被移走的。占卜说周室能维系七百年，这是上天的旨意。虽然现在周室德政逐渐衰败了，但还没有到改变天命的时候，所以鼎的轻重您还不能过问。"听了王孙满的回答，楚庄王倒没话反驳，不久他就率军回国了。

楚庄王之后又屡屡进犯郑、宋等中原诸侯，与晋国也爆发了数次战争，并且在晋楚邲之战中获得了的胜利，这也标志着晋国的霸权逐渐衰落，而南方的楚国已成了天下真正的霸主。

庄王葬马

楚庄王是一位野心勃勃的霸主，也是一位有鲜明性格的国君，《史记·滑稽列传》中记载了一件庄王的趣事。

楚庄王有一匹心爱的宝马，庄王让它穿漂亮的锦服，让它住华丽的屋子，让它睡特制的大床，还喂它吃美味的枣脯，结果马儿被养得太肥，生病死了。这下楚庄王可伤心了，他准备按照大夫的丧礼规格厚葬心爱的马，还命令大臣们要为死马服丧。众大臣面面相觑，人为马服丧？谁也没遇到过这么荒唐的事啊！于是，大家纷纷向庄王劝谏，楚庄王又像从前一样下令：谁胆敢劝谏，就把他处死。

楚国王宫里有一个叫优孟的乐人，乐人平时负责唱唱歌、说说笑话，逗楚王开心。但优孟不是个普通的乐人，他很擅长通过讲笑话的方式进行委婉的劝谏。他听说庄王葬马的事后，就来到宫里大哭起来。楚庄王不解地问他为什么哭。优孟说："我哭是因为心痛啊，我们堂堂的楚国，我们伟大的国君，他最最喜欢的马死了，居然只享受到了大夫的葬礼待遇，这简直太对不起您的马儿了，我请求您用国君的葬礼规格埋葬它。"庄王赶紧问："那你说说看，这个葬礼应该怎样操办呢？"优孟很认真地回答道："为它特制雕花棺椁，为它建造陵墓，还要派士兵守陵，必须让外国使节送葬，之后还得为它建造宗祠、用牲畜祭祀，最后还要分封它一个有万户人民的城邑。这样就能让天下的诸侯都知道，我们伟大的国君是如何把人民看得卑贱，而把马看得尊贵无比的。"听完这通荒唐的建议后，楚庄王才明白，原来优孟是在讽刺他，他有些心虚地问："我可不想被天下人取笑，那你觉得葬马这件事，应该怎样处理才比较合适呢？"优孟恭敬地答道："很简单，请允许我用对待普通六畜的方式安葬它吧！用铜锅当棺椁，用姜枣等调味料当陪葬品，用稻米当祭品，然后用火烹煮，把它埋葬在人们的肠胃中。"听了优孟的话，庄王彻底醒悟了，他把死马交给了宫内的厨师，完全按照优孟的建议处理。

《滑稽列传》是《史记》中专门记录滑稽人物的一篇文章，优孟是其中之一。通过《滑稽列传》中的这个故事，我们在欣赏优孟机智幽默的同时，也不得不佩服楚庄王知错能改，善于纳谏的态度，他不愧是春秋时代的霸主之一。

🀄 文化常识

九鼎——天下的至尊宝物

鼎，最早是中国古代人们烹煮或储存肉类食物的一种青铜器具，后来逐渐成为祭祀时用的尊贵礼器。相传九鼎是治水英雄大禹所铸造，也有传说是大禹的儿子、夏朝的开国君主——夏启铸造的。相传大禹将华夏大地分为九州，并将九州各地进贡的青铜铸成九鼎，上刻九州的地图及鬼神物事，九鼎就成了夏的镇国之宝。之后，汤推翻了夏桀的统治后，九鼎迁移到殷商，等到周武王推翻商纣后，又将九鼎迁到周室，所以在夏、商、周三代，九鼎都是天下至尊的宝物，象征着承受天命统治天下的威权。春秋战国时代的楚庄王、秦武王、秦昭王等诸侯都曾想染指九鼎，但最终在周朝灭亡后，九鼎不知所踪，湮灭在历史的长河之中。

虽然九鼎消失了，但在我们民族的文化中，"鼎"成为一个具有权力象征的词，流传下许多与之相关的词语和典故，如"问鼎天下""鼎盛""鼎鼎大名"等。

原文选读

《史记·楚世家》选段

庄王即位三年，不出号令，日夜为乐，令国中^①曰："有敢谏者死^②无赦！"伍举入谏。庄王左抱郑姬^③，右抱越女^④，坐钟鼓^⑤之间。伍举曰："愿有进隐^⑥。"曰："有鸟在于阜^⑦，三年不飞不鸣，是何鸟也？"庄王曰："三年不飞，飞将冲天；三年不鸣，鸣将惊人。举退矣，吾知之矣。"

注解

①国中：国内（的臣民）。②死：处死。③郑姬：郑国的美女。④越女：越国的美女。⑤钟鼓：指敲钟打鼓的乐人。⑥隐：谜语。⑦阜：土山。

12. 孙叔敖——三番为相兴南邦

楚庄王在位期间，孙叔敖曾数次担任楚国的令尹，也就是楚国的国相。孙叔敖为楚庄王称霸立下了汗马功劳，但在《史记》的《楚世家》这篇记录楚国历史的文章中，并没有出现孙叔敖，他的事被编在了《史记》的《循吏列传》中，这篇列传记录了春秋战国时期的五位贤臣，孙叔敖是其中之一。另外在《滑稽列传》一文中也有关于孙叔敖与优孟的记录。

孙叔敖的政令

孙叔敖原先是楚国的处士，也就是不做官而隐居起来的人，后来楚国的国相虞丘将他推荐给楚庄王接替自己的位子。孙叔敖担任楚相才三个月，楚国就被治理得井井有条，百姓安居乐业。他是用怎样的方法治理楚国的呢？通过下面两个故事就可略知一二。

楚庄王认为楚国的钱币太轻了，所以下令把小钱都换成了大钱，可是用这么大的钱非常不方便，甚至影响到人们正常做生意，很多人只好不再做买卖。楚国管理市场的官员向令尹孙叔敖汇报了这个情况，孙叔敖问他："像这样混乱的情况有多久了？"官员回答说有三个月了。孙叔敖又亲自去了解情况，五天后他向楚庄王提出建议："百姓因为货币使用不方便而影响了买卖，我请求大王恢复原来的货币。"庄王答应了，政令下达了才三天，市场就迅速恢复了原来的样子。

　　还有一件关于孙叔敖善于审时度势的事情。楚国人平时习惯坐比较矮的车子，楚庄王觉得矮车子不方便驾马，于是，这位有创意的君王又准备下令改高车子了。孙叔敖知道后，连忙劝阻他说："大王频繁地改变政令，会让国人感到无所适从的，动静太大了不好。如果大王一定想要改高车子，我建议先让人们抬高自家的门槛，这样矮的车子想要通过门槛，坐在车上的人都必须下车，自己跨过门槛后再上车，坐车的人们不乐意频繁下车自己走路，这样他们就会自己想办法做改变了。"庄王同意了抬高门槛这个小改革，果然过了半年，人们为了顺利通过门槛，纷纷抬高了车子。这样，庄王原先抬高车子的政令还没有下达，就被大家自行变革了。

　　这就是孙叔敖治国的方法，他不依靠政令就能让百姓遵从教化，处理问题都能抓住根本，落到实处，事半功倍。孙叔敖管理国家期间，无论是楚国国内还是国外的人都纷纷效法他。孙叔敖先后三次被任命为楚相却不沾沾自喜，因为他知道自己有实力治理国家；他又先后三次被罢免了楚相而不悔恨，因为他知道被免职并非因为自己犯了什么过错。

孙叔敖的遗言

　　楚国乐人优孟在楚庄王的故事中出现过，孙叔敖任令尹时，很欣赏优孟的德行，待他很好。孙叔敖生病快要去世时，对他的儿子说："如果你以后穷困潦倒了，你可以去找优孟，告诉他你是孙叔敖的儿子就行。"他的儿子记住了父亲的遗言。

孙叔敖虽然三任楚相，但一生清廉，没有为自家积攒财富，也没为儿子铺设做官的捷径，他去世不久，儿子就陷入了穷困潦倒的地步，甚至要帮人背柴为生。有一天孙叔敖的儿子正巧遇到了优孟，他想起父亲的遗言，就对优孟说："我是孙叔敖的儿子，父亲临终前曾嘱咐我，陷入穷困时可以去找您。"优孟听了既震惊又感动，他拉着孙叔敖的儿子回家，并找人缝制了孙叔敖身前常穿的衣帽款式，优孟穿着这些衣服模仿孙叔敖的一举一动，并让孙叔敖的儿子仔细观察，提出建议纠正。这样练习了整整一年，优孟已经可以惟妙惟肖地模仿孙叔敖的动作了。

一天，庄王设酒宴招待臣子。楚王酒酣之际，有个人上前向庄王敬酒，庄王吃了一惊，眼前这个人说话举止怎么和孙叔敖一模一样，难道孙叔敖还没死吗？楚庄王大喜，趁着酒兴，他准备让眼前的"孙叔敖"继续来担任国相，但"孙叔敖"说得先回去征求一下妻子的意见。三天后，"孙叔敖"进宫回禀庄王说妻子不同意自己出任国相，楚庄王连忙问为什么他妻子不同意，优孟回答："我妻子说楚相不值得去做，因为以前的楚相孙叔敖廉洁尽忠，辅助楚王成了天下的霸主，但他一死，他的儿子穷困到连立锥之地都没有。如果做楚相做得像孙叔敖那样，那还不如自杀呢。"接着，优孟又变回了自己的声音和举止，做回宫廷乐人的本色，唱起讽刺做官的小调。楚庄王原本看优孟学孙叔敖的样子好玩，不知道优孟葫芦里卖的什么药，这时候他终于明白了，这家伙原来是来劝谏自己要善待忠臣之后啊。于是，楚庄王郑重地向优孟道歉，并派人召来了孙叔敖的儿子，封给他四百户的食邑。

　　从这个有趣的故事中，我们看到楚国既有孙叔敖这样的良臣，也有优孟这样亦正亦谐的乐人，而且楚庄王善于纳谏、知错能改，也许这样的君臣氛围，也是楚国在南方不断富强、称霸天下的原因之一吧。

🌑 文化常识

蚁鼻币——楚币确实很轻啊

　　春秋战国时代，诸侯各国都使用青铜货币，但每个国家使用的货币，无论形状、大小和重量都不一样。主要的货币种类大致可以分为四种：一种是布币，布是铲布的意思，铲布是一种农具，形状像现在用的铲子，所以这种货币就像缩小的铲子的形状；另一种称为刀币，顾名思义就是做成刀子形状的货币；第三种称为圜钱，圆形中间带孔的货币；第四种是青铜贝币，又称蚁鼻币，一种模仿贝壳形状的非常小巧的货币。

　　以上货币中，布币多用于以晋国为主的中原地区，刀币多用于东方的齐国和北方的燕国，圜钱的使用则以西方的秦国为代表，而南方的楚国使用的就是蚁鼻币。蚁鼻币是当时所有货币中最小的一种货币，通常一二厘米大小，因为乍一看像蚂蚁，所以世人称之为蚁鼻币。我们在上文故事中看到，楚庄王觉得楚国的货币太轻，看来确实是有他的原因的。

　　春秋时代的货币以青铜为主，诸侯或贵族赏赐时，或者进行大宗的交易时，可能会用到金子，但金子并非通用的货币。而其他珍贵的材料，比如银，在那时候只能作为珍宝装饰，而不能作为交易使用。我国历代的货币种类众多，演变历史也非常丰富，有兴趣的读者不妨去找相关的书籍，展开进一步的深入阅读。

原文选读

《史记·循吏列传》选段

　　楚民俗好庳①车，王以为庳车不便马②，欲下令使高③之。相曰："令数④下，民不知所从，不可。王必欲高车，臣请教闾⑤里使高其捆⑥。乘车者皆君子，君子不能数下车。"王许之。居半岁，民悉⑦自高其车。

注解

　　①庳：矮的。②马：驾马。③高：抬高、做高。④数：多次。⑤闾：乡里。⑥捆：门槛。⑦悉：全部，全都。

吳王闔閭

篇

吴王阖闾篇　人物关系图

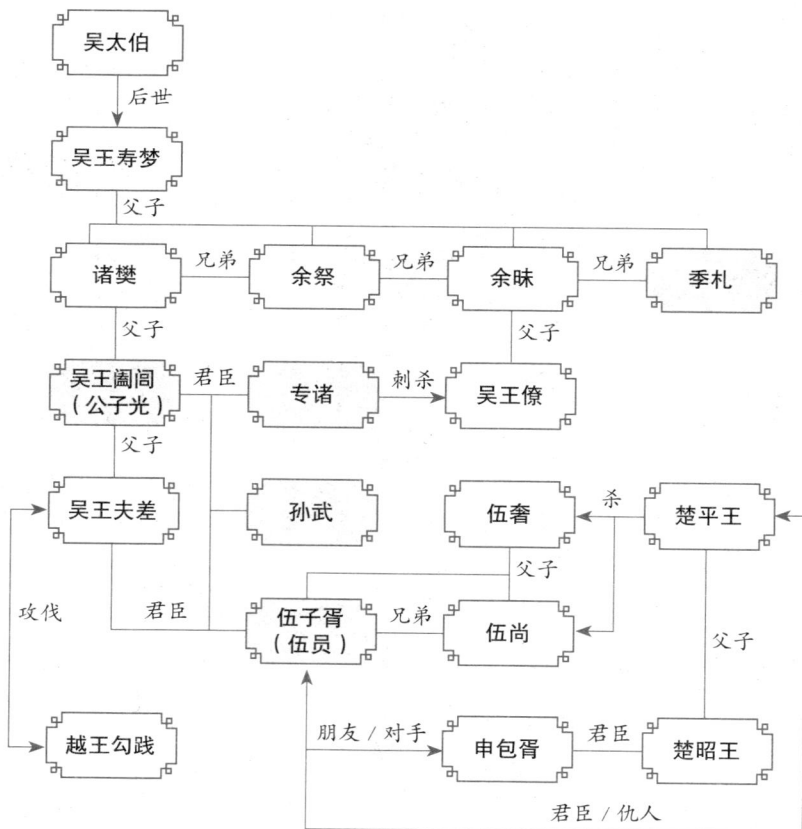

```
                        吴太伯
                          │ 后世
                          ↓
                       吴王寿梦
                          │ 父子
        ┌─────────────┬──┴──────┬──────────────┐
      诸樊 ──兄弟── 余祭 ──兄弟── 余眛 ──兄弟── 季札
        │ 父子                    │ 父子
        │                        ↓
   吴王阖闾 ──君臣── 专诸 ──刺杀── 吴王僚
   (公子光)
        │ 父子
        ↓
     吴王夫差 ──── 孙武          伍奢 ──杀── 楚平王
        │                         │ 父子
        │ 君臣              ┌──────┤
        │              伍子胥 ──兄弟── 伍尚
   攻伐 │               (伍员)                    │ 父子
        ↓                  │ 朋友/对手              ↓
     越王勾践 ──────────── 申包胥 ──君臣── 楚昭王
                                 君臣/仇人
```

13. 季札——让位美名贤公子

　　吴国的始祖是周文王的大伯父——太伯，他和二弟仲雍为了让位给自己的小弟季历（周文王的父亲），而逃到了南方荆蛮之地。他们断发文身，适应了蛮族的生活，因为太伯有仁德，被当地人尊为吴王太伯，成了吴国的始祖。

　　吴国的地理位置比楚国更偏东，濒临大海。到了春秋时代，楚国为了和晋国争霸，经常与秦国形成同盟夹击晋国。而晋国为了对抗楚国，也经常利用吴国在背后牵制楚国。

　　吴王寿梦在位时，晋国为了帮助吴国迅速增强军事实力，派人去指导吴人用兵和驾驶战车，吴国逐渐成为楚国的威胁。到了寿梦的孙子——吴王阖闾的时代，吴国达到鼎盛，不仅攻破了楚都，甚至有了称霸天下的野心。不过在讲吴王阖闾的故事前，我们先认识一下他的叔叔——名闻天下的吴国贤人季札，又称延陵季子。

不受王位

　　吴王寿梦有四个儿子，分别是长子诸樊，次子余祭，三子余昧，四子季札。季札是兄弟中最贤能的一位，所以寿梦想立他为太子继承王位，但是季札非常谦逊，不愿意取代兄长们。寿梦没有办法，就立了长子诸樊为太子。

吴王寿梦去世后，诸樊继位，但父亲的丧期一过，他就想把王位让给季札，因为这是父亲的愿望，但是季札仍然不肯接受。季札对诸樊说："长子继承父亲的王位是天经地义的事情，而且我并不适合做君王，只愿严守节操，做大王您的臣子。"但是诸樊以及吴国上下都认为季札做吴王是最合适的，季札被逼得没有办法，逃到乡间躲起来，像个普通百姓一样自己耕种。

过了十三年，吴王诸樊去世了，但是他没有将自己的王位留给儿子，而是传给了二弟余祭，他希望王位就能够从二弟传给三弟，最后顺理成章地传到小弟季札，这样他就没办法推辞了。当时，季札被吴王分封在延陵这个地方（今江苏常州），所以人们称他为延陵季子，他因为让位的德行以及贤能的美名，深受吴人爱戴。

周游列国

吴王余祭派季札出使中原诸侯，季札先到了鲁国，鲁国是周公的封地，周公曾制定了周礼，所以鲁国保留了最完整的周室礼乐。季札非常精通礼乐，当鲁国的乐师演绎一首首各地的歌曲时，季札都能够体味到乐曲中包含的内蕴和精神，然后准确地猜出乐曲的出处并予以评论。比如他评论《齐风》"气势恢宏有大国风度，是姜太公的遗风啊"，评论《秦风》"追慕华夏而气象弘大，是周故地的歌曲吧"……这些精彩的评论都被世人所称道。

离开了鲁国，季札来到齐国，见到当时主政的贤臣晏婴，季札劝晏婴交出手中的权力和封地，因为齐国政局将发生变乱。后来晏婴按他的话做，果然化险为夷。季札又在郑国遇到了贤能的子产，季札预言郑国将发生内乱，之后子产将会执政。季札还到了卫国，非常欣赏卫国的和谐局面，

从卫国前往晋国的途中，季札在投宿的地方听到有人敲钟奏乐，原来是被逐出卫国的大夫孙林父在欣赏音乐。当时卫君新丧，所以季札对孙林父的行为感到不可思议，他批评说："有辩才而没有德行，一定会招来祸患，孙林父从卫国外逃到这里暂避，就像燕子在幕布上筑巢一样，能安稳吗？可是他居然在卫君还没安葬前就开始敲钟鸣乐了啊！"季札不愿听到这些乐声，就离开了。据说，孙林父听了季札的这番评论后，羞愧万分，此后一辈子都没听过奏乐。

季札后来又到了晋国，接受了晋国国君和贵卿们的招待，在离开前，他对叔向说："你为人正直，要早做准备，晋国国君奢侈无度，但良臣众多，贵族富有，政权迟早落到赵、韩、魏这三家世卿的手中。"季札对各国所做的这些局势预判，后来都一一应验了。

墓门挂剑

当初季札刚受命出使，北上访问徐国。徐国的国君接待季札时，一眼就看中了季札的佩剑，但他并没有说出口。季札也敏锐地也发现徐君似乎看中了自己的佩剑，不过接下来

自己还要出使很多国家，使者不能不佩剑，所以季札并没有立即把宝剑送给徐君。

等季札出使任务完成后，在回国的路上又去拜访徐君，但这时徐君却已经去世了。季札前往徐君的墓地吊唁，离开时，他将佩剑解下，挂在了墓地的树枝上。随从们感到很惊讶："徐君已经死了，宝剑挂在这里送给谁呢？"季札回答说："我心里早已经把剑献给了徐君，怎能因为他去世了，就违背自己的初心呢？"

季札就是这么一位待人待己都很真挚的世家君子。然而令他没想到的是，他不肯接受的王位，却引发了侄子们的你争我夺。虽然吴国有太伯、季札这样甘愿让位的先贤，却仍摆脱不了为了争夺王位而引发手足相残的冷峻现实。

文化常识

风、雅、颂——周代的歌曲

季札在鲁国听的周代歌曲，在《吴太伯世家》中记录了二十多首，据说周代创作流传的歌曲共有3 000多首，但留存至今的只剩下300多首，收录在《诗经》这部周代诗歌集里。《诗经》成书于春秋时期，据传由孔子编订，共收录周代歌曲305首，是我国最早的一部诗歌总集。《诗经》原名《诗》，后来在西汉的汉武帝时将《诗》归为儒家的"五经"之列，所以称为《诗经》，因为共收录了300余首诗歌，所以又称之为"诗三百"。

《诗经》内容共可分为三大部分，即《风》《雅》《颂》。

《风》是各地的民歌，《雅》是周室的正声雅乐，多为歌颂周室先祖的乐曲，《颂》是周室及贵族在祭祀时用的乐曲。季札在鲁国欣赏周乐的故事中，乐师先演唱的歌曲《周南》《召南》《邶风》《鄘风》《卫风》等，都属于《风》，是来自各地的民歌；后来乐师又表演了《大雅》《小雅》，最后是《颂》。《史记》中记载了季札欣赏这些乐曲后，对每一首歌都作出了相当精彩的评价。

原文选读

《史记·吴太伯世家》选段

季札之初使，北过①徐君。徐君好②季札剑，口弗③敢言。季札心知之，为使上国，未献。还④至徐，徐君已死，于是乃解其宝剑，系之徐君冢⑤树而去。从者曰："徐君已死，尚谁予⑥乎？"季子曰："不然。始吾心已许之，岂以死倍⑦吾心哉！"

注解

①过：拜访。②好：喜欢。③弗：不能。④还：归来，回来。⑤冢：坟墓。⑥予：送给。⑦倍：同"背"，违背。

14. 吴王阖闾——夺权治国猛君王

　　吴王阖闾(亦作"阖庐")是吴王诸樊的儿子,季札的侄子,他惊险地夺得了王位,在位期间重用孙武、伍子胥等外来人才,使吴国迅速崛起,他战胜了强大的楚国,后来却在与越国的战争中受伤身死,这就是吴王阖闾跌宕起伏的一生。

抢来的王位

　　关于吴国的王位,还是要回溯到季札让位。吴王寿梦将王位传给了季札的长兄诸樊,诸樊传给了二弟余祭,余祭死后,三弟余昧继承王位。按照兄长们的计划,王位将最终传给季札。然而,吴王余昧去世后,季札又一次拒绝王位并逃走了。季札是兄弟中最小的,如果他不接受王位的话,就没有其他弟弟可以继承王位了,于是吴国人拥立余昧的儿子——公子僚为王,他就成了吴王僚。

　　有一个人对此很不满意,他就是吴王诸樊的儿子——公子光。公子光认为祖父的四个儿子中,自己的父亲诸樊是长子,如果按照子承父位的规矩,诸樊死后就该是他继承父位。父亲诸樊为了完成祖父的心愿,把王位传给了二叔余祭，想依次传到最小的叔叔季札手里，但是既然季札不继承王位，那么重新回到子承父位的规则，最有资格继承王位的难道不是他吗？为什么反而是三叔余昧的儿子成了吴王呢？

有一次，公子光奉命讨伐楚国，兵败，连先王珍贵的座船也被楚军抢去了。公子光害怕被吴王惩罚，只能冒死再去偷袭楚军，把王船抢了回来。虽然侥幸不死，但公子光对吴王的不满日积月累，他夺回王位的念头也越来越强烈。不久，机会终于来了，他碰到了合适的人选，从楚国逃来的伍子胥向他推荐了壮士专诸；他又碰到了合适的时间，吴王僚的两个兄弟带领军队讨伐楚国被困，国内力量变得十分空虚。公子光抓住这个时机，在家中设宴邀请吴王僚，同时设下了一个周全的刺杀计划，经过一番惊心动魄的厮杀，专诸刺杀了吴王僚，公子光一举夺回了梦寐以求的王位，成了吴王阖闾（"专诸刺王僚"的故事详见本书《专诸——舍命献鱼真刺客》）。

逃来的臣子

公子光依靠专诸的刺杀，终夺王位，成为吴王阖闾，他非常感激把专诸推荐给自己的伍子胥，将伍子胥视作自己最重要的臣子。伍子胥家原先是楚国的名门望族，但他的父兄都被楚平王所杀，因此他从楚国逃到吴国，一直想要讨伐楚国报仇雪恨。过了几年，楚国发生内乱，大夫伯州犁被杀，他的孙子伯嚭也逃到了吴国，他被吴王任命为吴国的大夫，伯嚭同样对楚国有着深仇大恨，因此吴王阖闾和伍子胥、伯嚭三人齐心协力，准备讨伐楚国。

吴王阖闾备战了三年，终于命令伍子胥和伯嚭率军攻楚，他们打下了楚国的舒邑，杀死了居住在那里的吴王僚的两个弟弟。这两个人当年奉命伐楚，不料吴王僚在国内被刺杀，两人索性投降了楚国，住在舒邑。吴国的军队连连获得胜利，准备攻下楚国的首都——郢。这时将军孙武劝阻吴王说，打仗时间太长，吴国民力已经疲乏，需要休养生息。吴王听从了孙武的建议，之后的几年，吴王阖闾在伍子胥、孙武等人的辅助下，接连战胜了楚国、越国等周边国家，吞并了不少土地。

吴王阖闾即位第九年，吴国国力更加强盛，在伍子胥和孙武的指挥下，吴军联合唐国、蔡国的军队一同讨伐楚国，双方在汉水边相持。吴王的弟弟夫概年轻气盛，不听吴王指挥，擅自率领部下五千人进军。没料到，他的突袭杀得楚军大败，吴王乘胜指挥全军追击，一路追到了楚国的郢都。楚军退无可退，为保卫国都展开最后抵抗，两军一共交锋了五次，楚军都被打败了。吴军最终攻克了郢都，楚昭王仓皇逃走，伍子胥和伯嚭终于报仇成功。

后来的强者

吴军顺利攻克楚都，正准备一举将楚国吞并时，后方的越国却向吴国发动了袭击，吴王不得不分派军队回去对付越军。

原来，正像晋国利用吴国从后方牵制楚国一样，楚国也利用越国从后方牵制吴国。趁着吴军掉头对付越国的间隙，楚国向秦国讨来了救兵，秦军驰援楚国，吴王此时两面受敌。屋漏偏逢连夜雨，吴国此时又遇上了内乱，吴王的弟弟夫概逃回吴国后自立为王，想要取代阖闾。吴王只能率领全军撤出楚国，回国平叛。不久，楚昭王收复了郢都，但是为了远离吴国的威胁，楚国随后把都城从郢搬到了都。

吴王阖闾平定了夫概的叛乱，将他赶去了楚国。经过一系列的对抗，吴王阖闾明白想要对抗楚国，先要解决掉越国这个背后的威胁。于是吴王亲率大军进攻越国，此时越国的国君是新即位的越王勾践，双方在檇李展开决战。越军排出了一个奇怪的阵法，在军队的最前方排列了三行敢死队，这些人高喊着冲向吴军阵地，但并没有冲杀敌人，而是冲到阵前拔剑自杀。这阵势可把吴军看傻了，军队都是冲锋杀敌的，哪见过冲锋自杀的呀，这些越国的野蛮人是不是疯了？趁着吴军看傻发愣的当口，越军从侧翼发动突袭，杀得吴军大败。吴王阖闾在此战中伤了脚趾，没过多久竟然伤重而亡，一代霸主在临死前对儿子夫差说："你会忘了勾践对你的杀父之仇吗？"夫差含泪回答："不敢！"

越王勾践，这位后起的越国君主，此时已经成了吴国两代国君的心腹大患。

🏵 文化常识

感染——脚趾伤了也会丧命？

吴王阖闾因为脚趾的伤势而去世，以我们现代人的眼光来看，会不会觉得这有点夸张了？因为脚趾头毕竟不是脖子或脑袋啊，再怎么伤也不至于失掉性命吧？但如果我们再思考一下，就会明白对古人来说，这实属正常，因为当时的战争中还不能应对伤口感染的问题。

所谓伤口感染，就是由于细菌、病毒等微生物从伤口侵入，造成人体局部或全身的炎症反应，在一定条件下可能丧命。不必说2 000多年前春秋时期的冷兵器时代，即便在20世纪初的第一次世界大战时，伤口感染也导致了许多士兵死亡。一直到1929年，英国科学家弗莱明发现了青霉素，人类才开始掌握了利用抗生素治疗细菌感染的办法，接着科学家发现越来越多的抗生素，战胜了痢疾、结核病等困扰世界的传染病。

古人并不知道伤口感染的原因，但也有一些预防感染的办法，比如及时清洗包扎伤口或用火焰烧烫伤口消毒等，但那时普通的伤口很难做到完全的消毒，因而很容易引发伤口感染。即便是今天，如果我们不小心被钉子等金属物品刺伤割伤，如果造成较深的伤口，医生一定会要求打破伤风针预防感染。所以，只要想想古代战场上的那些金属冷兵器，无论青铜还是铁器，无论是不是生锈了，无论是刀、是箭，只要在人体上造成了伤口，那么无论你是帝王将帅还是无名小卒，细菌等微生物都会肆意感染，人体自身免疫力一旦无法抵抗，最终面临的就是死亡。所以无论是脚趾受伤的吴王阖闾，还是大腿受伤的宋襄公，他们都极有可能是因为伤口感染而死。

原文选读

《史记·吴太伯世家》选段

五年，楚之亡①臣伍子胥来奔，公子光客②之。公子光者，王诸樊之子也。常以为吾父兄弟四人，当传至季子③。季子即不受国④，光父先立。即不传季子，光当立。阴⑤纳贤士，欲以袭⑥王僚。

注解

①亡：逃亡。②客：以……为客卿。③季子：指季札。④受国：接受国家，指做国君。⑤阴：私下里，暗地里，秘密地。⑥袭：袭杀，刺杀。

15. 专诸——舍命献鱼真刺客

在吴王阖闾的故事中，我们看到了公子光夺取王位的过程，其中的关键是成功刺杀吴王僚，而刺杀成功的关键人物则是专诸。专诸的故事既出现在《吴太伯世家》中，也出现在《史记》另一精彩的篇目——《刺客列传》中。

伍子胥引荐专诸

专诸是伍子胥引荐给公子光的，那么伍子胥为什么要引荐他呢？当初伍子胥从楚国逃到吴国，求见吴王僚并劝说吴王伐楚。公子光阻止吴王说："伍子胥的父亲和兄长都被楚平王杀了，所以他劝大王伐楚只是为了报一己私仇而已，并非为了吴国的利益考虑。"吴王听了公子光的话，就放弃了伐楚的念头。

伍子胥知道是公子光阻止吴王伐楚，他怀疑公子光另有所图，对吴王怀有二心想要争夺王位。于是伍子胥转而四处寻觅壮士，并且找到了一个智勇双全的人物，他就是专诸。伍子胥立刻将专诸引荐给了公子光，公子光非常欣赏专诸的才能和勇气，对伍子胥也从此以礼相待。但伍子胥知道公子光与专诸必有惊人之举，其中也充满了风险，所以他找了个地方隐居起来，像普通百姓一样耕种田地，等待着吴国发生巨变。

公子光等候时机

公子光将专诸当成上宾，对他厚礼相待，并秘密地准备着自己的夺位计划。这一年，杀害伍子胥父兄的楚平王死了。吴王僚想趁着楚国大丧进攻楚国，他派自己的两个弟弟率军伐楚，同时派出叔叔季札出使晋国，想观察掌握中原诸侯们的反应。不料，吴楚两军交战之后，吴军被楚军断了后路，两位公子率领的吴军主力回不来了，吴国国内也陷入了无兵可用的尴尬境地。

公子光发现大好时机来了。他请来专诸，对他郑重说道："千载难逢的机会终于被我们盼到了，趁着主力在外，国内空虚，这次我们必须拼一下。所有人都知道，我才是吴国真正的王位继承人，本来就应该是我继位成为吴王，所以即便季札出使回来，他也不会反对我的。"养兵千日，用兵一时，专诸也早就为这一刻准备周全，他镇定地说："我完全同意公子的高见，现在正是杀死吴王的好时机，他上有老母年迈无力，下有幼子尚在襁褓，两个弟弟率军伐楚被困在外，鞭长莫及。吴王外有楚军围困，内无心腹臣子依靠，根本无力与我们抗衡。"公子光见专诸如此大义凛然，一时悲喜交加，他庄重地叩首说道："我公子光的身家性命现在都在您身上了。"

专诸刺杀吴王僚

四月的一天，看上去宁静平常，却已是箭在弦上。

公子光在自己的宅邸设好了酒宴，吴王受邀赴宴。这段时间，内外形势严峻，吴王外出分外小心，保护吴王的亲卫兵从王宫一路安排到了公子光的宅邸，路的两边隔几步就站着一位手持长戈的卫兵，甚至在宴会现场的门口、台阶和屋子里全都布满了士兵严密保卫。

虽然气氛有点紧张，但酒宴依然尽兴，吴王君臣互饮，其乐融融。酒酣之际，公子光说自己脚疼，要离席去处理一下。酒席旁边的屋子空着，但地下的密室里却挤满了全副武装的甲士，公子光悄悄地走进了地下室，神色严峻。现在，所有人的目光都投向专诸，终于轮到他出场了。只见专诸已装扮成侍者，他整理好衣服，稳稳地接过助手递过来的一盆烤鱼，烤鱼的肚子里藏着一把短小却锋利无比的鱼肠剑。这些安排细致而周密，每一个动作专诸和助手们已经练习了千百遍，成败在此一举，专诸端着烤鱼快步走出了密室⋯⋯

烤鱼被端到了吴王的面前，平素里这是他最喜欢的一道菜。只见那位侍者恭敬地在席前屈膝下跪，但就在膝盖触地的瞬间，他已经从鱼肚中操起一件东西，只见寒光一闪，吴王已被一柄短剑刺中了要害。一切发生在电光火石之间，两旁的卫兵来不及思考，条件反射般用手中的利刃全力刺入侍者的胸膛，一边大喊："有刺客！"酒宴顷刻间像炸开了锅，门外的、阶梯下的、宅邸外的卫兵乱作一团。而此时，公子光的甲士们从密室中鱼贯而出，就像他们事先无数次的演练一样，冷静地按照计划展开行动，吴王的卫兵要么被杀死，要么惶恐地下跪投降。

吴王僚就这样被一柄短剑刺杀了，倒在他跟前的那位侍者——刺客专诸，被无数支利刃刺透了胸膛。公子光终于夺得他梦寐以求的王位，成了吴王阖闾，他将专诸的儿子封为上卿。当吴国上下因为专诸刺王僚的消息而骚动不安时，伍子胥却十分冷静，他知道，公子光的梦想成真了，他报仇雪恨的那一天也终于临近了。

🔳 文化常识

鱼肠剑——吴钩越剑为何天下闻名？

在专诸刺王僚的故事中，藏在烤鱼肚子里的那柄短剑，被后世称为"鱼肠剑"。在《史记》《吴越春秋》等古籍中，都记载了这把传奇宝剑被用来刺杀吴王的惊心一刻。但读者可能会有这样一个问题：专诸一击刺杀成功，这把宝剑该是有多锋利啊？

春秋时代，吴越产的青铜宝剑天下闻名，除了专诸刺王僚的"鱼肠剑"，还有著名的"干将""莫邪"等宝剑的传说。在古吴都，也就是现在的苏州，还有著名的"虎丘剑池"景点，传说这里埋着吴王阖闾生前最喜欢的三千柄宝剑。

在记述先秦手工业各种范式及制造工艺的文献《考工记》中，有"吴粤（越）之剑，迁乎其地而弗能为良，地气然也"的记录，说明吴越在当时确实盛产宝剑。吴越宝剑在考古发现中也有实例，湖北楚墓曾出土著名的"越王勾践之剑"，据专家研究，发现这把剑残留了打造过程中的化学处理痕迹，剑身材料以锡青铜为主，另有少量的铝、镍等成分，而富有特色的菱形暗格等处都含有硫……吴越地区高超的铸剑技术可见一斑。

春秋时代，地处偏远的吴越地区经济并不发达，中原地区出土众多的比如鼎之类的青铜器具，在吴越地区却并不多见。那么，作为学习青铜铸造技术的后来者，为什么吴越地区的铸剑技术却能在春秋末期长足发展乃至名闻天下呢？有一种说法是，因为吴越地区湖泊广布，不适合陆地车战，所以吴越多水战，交战的士兵比较倚重近身格斗的轻型武器，所以对铸剑要求较高；又因为吴越两国常年交战，所以在不断的实践和改进中，吴越铸剑技术得以飞速发展。当然，每一个地方之所以会有特产，其真实原因是复杂而综合的，用古人在《考工记》中的解释，可能只是"地气然也"罢了。

原文选读

《史记·刺客列传》选段

酒既酣，公子光详①为足疾，入窟室中，使专诸置匕首鱼炙之腹中而进②之。既至王前，专诸擘③鱼，因以匕首刺王僚，王僚立死。左右亦杀专诸，王人④扰乱。公子光出其伏甲⑤以攻王僚之徒，尽灭之，遂自立为王，是⑥为阖闾。阖闾乃封专诸之子以为上卿。

注 解

①详：同"佯"，假装。②进：进献。③擘：开，撕开。④王人：吴王的人，这里指卫兵。⑤甲：甲士，指全副武装的武士。⑥是：这，这个。

16. 孙武——不受君命将军令

公子光依靠专诸的舍身刺王，终于夺得了王位，成为吴王阖闾。在他掌管吴国大权之后，吴国迅速富强起来，其中最令人注目的是吴国军事实力的长足发展，在与楚国的几次较量中占尽上风，甚至一度攻下了楚国国都。吴军如此犀利的表现，与吴王阖闾重用的一名将军密切相关，他就是孙武，又称孙子，是迄今世上最早的军事著作《孙子兵法》的作者。《史记》中的《孙子吴起列传》记述了吴王初用孙武时，孙武"吴宫教战"的故事。

下达指令的将军

孙武是齐国人，吴王阖闾看了他的十三篇兵法，觉得他很有才，就召见他说："先生的兵法我都认真看完了，但不知道先生是如何实际操练军队的，可不可以演示一下？"孙武立即答应了。吴王又说："请问先生，你能不能用女子来练兵呢？"孙武也答应了。于是，吴王阖闾就从自己的后宫中选出180名女子交给孙武操练。

孙武将宫女分成了左右两队，让吴王最宠爱的两个美人分任两队的队长。孙武对着所有受训的宫女问道："你们都知道自己的胸口、左手、右手和后背的位置吗？"宫女们都说知道。孙武于是下令说："接下来大家听我的命令，我命令你们向前，你们就朝胸口的方向前进，我命令你们向左，你们就向左手方向转身，我命令你们向右，你们就向右手方向转身，我命令你们向后，你们就朝后背方向转身，大家明白了没有？"宫女们回答："明白！"。接着，孙武命令士兵将惩处用的斧钺等器具摆了出来，最后他又把要求重复强调了几遍，确保宫女们都听清楚之后，孙武开始了正式的操练。

不受君命的将军

随着战鼓擂响，孙武按照说好的规定，向宫女们下令："向左！"宫女们平时熟悉的都是宫里的钟鼓乐声，哪里听到过战场上的战鼓声呢？所以听到鼓声、命令声，她们感觉像在做游戏一样，你看看我，我看看你，忍不住大笑起来，没有一个人按照命令向左转。孙武看到宫女们的混乱场面，大声宣布："大家没有按照命令行动，可能是我规矩还没讲明白，下属对命令不理解是下令的将军的责任。"于是，孙武又重新向宫女们申明自己的指令要求。讲解了好几遍后，孙武让军士重新擂鼓，然后大声下令："向左！"然而，宫女们听到命令后，依然大笑而不知道要干什么。这回孙武的脸色严峻了，他命令全场安静，训斥道："如果因为规矩没有讲明白，导致下属不理解命令，这是将军的责任，但是，既然大家都听明白命令了，但却不能按照命令行动，这就不是将军的责任，而是执行命令的军官和士兵的罪责！"说完之后，孙武命令军中的执行官按军法行事——立即将左右两队的队长处死。

吴王本来在高台上观看着孙武的操练，眼看孙武要斩杀自己的队长美人，赶紧派使者跑去向孙武传话说："寡人已经知道将军是个会用兵的人了，这两位队长是寡人最宠爱的，没有她们，寡人吃饭都没味道了啊，请不要处死她们。"孙武回答："我既然接受大王的命令担任大将军，将在军中指挥时，对于大王的命令，是可以不接受的。"说完，孙武就下令把两个美人处死示众，然后任命站在队长后面的两位宫女继任队长。

实践兵法的将军

看到队长被军法处置，宫女们被吓得魂不附体，这个将军是真把她们当成士兵了啊！孙武再次击鼓下令，这回再没有人觉得是在做游戏了，所有人的动作都准确到位，也没有一点说话或嬉笑的杂音。操练完毕，孙武派士兵向吴王汇报："军队已完成训练，现在大王可以从台上亲自下来观摩指挥，无论大王要她们做什么，即便赴汤蹈火她们也会服从的。"吴王刚被孙武斩了宠姬，已经兴致全无，派人回话说："将军您现在结束训练休息去吧，我不下来观摩了。"孙武远远地看着吴王，摇着头说："吴王只是喜欢纸面上的兵法，却不能运用到实际中去啊。"

经过这次对宫女的练兵演示，吴王知道孙武不仅能写兵法，而且确实是一位能带兵打仗的人才，后来他正式任命孙武为将军。吴军在孙武的训练指挥下，屡战屡胜，一度攻破楚都，令齐、晋等中原诸侯胆寒，让吴国威震天下。

🔅 文化常识

《孙子兵法》——现存最早的兵书

《孙子兵法》是中国现存最早的兵书，共十三篇，六千余字，作者是春秋吴国大将孙武。《史记》中记载的孙武并不是吴国人，而是齐国人，凭十三篇兵法面见吴王，并被任命为将军。

春秋时期，在孙子之前，还有许多杰出的军事家，产生过不少优秀的军事理论。孙子总结了前人的经验，凭借自身的天赋和实践，独创出优秀的军事理论。两千多年来，《孙子兵法》被后世古今中外的诸多军事家所研习和推崇，被誉为"兵学圣典"，孙子也被后人尊为"兵圣"。《孙子兵法》（谋攻篇）中"上兵伐谋""知己知彼，百战不殆""不战而屈人之兵"等用兵谋略也成了我们脍炙人口的经典语句。此外，《孙子兵法》也对世界军事产生了巨大影响，比如日本战国大名武田信玄熟读《孙子兵法》，并以《孙子兵法》中（军争篇）"其疾如风，其徐如林，不动如山，侵略如火"的用兵之法作为军队的旗印。

目前发现最早版本的《孙子兵法》，是1972年在山东银雀山汉墓出土的竹简本，同时出土的还有战国时期齐国大将孙膑的《孙膑兵法》竹简，这次考古发现，有力地证实了《史记》中关于孙武将吴、孙膑将齐的记载属实。孙子这位春秋时期最伟大的军事家,他的《孙子兵法》成了我们中华民族乃至全世界的宝贵遗产。

原文选读

《史记·孙子吴起列传》选段

孙子曰:"约束①不明,申令不熟②,将之罪也。"复三令五申而鼓之左,妇人复大笑。孙子曰:"约束不明,申令不熟,将之罪也;既已明而不如③法者,吏士之罪也。"乃欲斩左右队长。吴王从台上观,见且④斩爱姬,大骇⑤。趣⑥使使⑦下令曰:"寡人已知将军能用兵矣。寡人非此二姬,食不甘味,愿勿斩也。"孙子曰:"臣既已受命为将,将在军,君命有所不受。"

注解

①约束:规定,要求。②熟:熟悉。③如:遵从,遵守。④且:将要。⑤骇:惊恐,害怕。⑥趣:读cù,同"促",赶紧。⑦使使:派遣使者。

17. 伍子胥——国恨家仇臣子泪

　　吴国的称霸是在"吴王阖闾"和"吴王夫差"这一对父子的统治时期内。本篇的人物，贯穿了这一段时间，他见证了吴王阖闾的夺位、崛起和死亡，也见证了吴王夫差的鼎盛和没落。没有这个人物，吴国的历史乃至整个春秋末期的历史都有可能被改写。这个人就是伍子胥。

赴死的兄弟

　　伍子胥，名员，字子胥。伍子胥的父亲是伍奢，哥哥伍尚。他们的先祖就是当年冒死进谏楚庄王的伍举。伍氏家族是楚国的名门贵族，世代都是楚王的重臣。

　　当时楚国的君王是楚平王，他的太子名叫建，伍奢和另一位大臣费无忌都是太子建的老师。伍奢忠心耿耿地教导太子，而费无忌却是个心怀不轨的人。楚王派费无忌去秦国为太子娶亲，费无忌为了取悦楚王，居然把选给太子的少女转而献给了楚王。楚王也真的把美人占为己有，祸根就此种下。费无忌做了对不起太子的事情，却又害怕太子建将来成为楚王会报复自己，于是他在楚平王面前不断诋毁太子建和伍奢，说他们心怀不满,预谋加害楚王。楚平王呢,也许也有点心虚,他开始提防太子建,把他派去驻守边境的城邑。但是费无忌的诽谤变本加厉,使得楚王真的怀疑太子会造反,他派人抓了伍奢,太子建听到风声后逃去宋国了。

费无忌又告诉楚王说,伍奢有两个能干的儿子,应该以伍奢为人质,把他的儿子叫过来,斩草除根,否则会有后患。楚王命令伍奢召自己的儿子来,威胁他说只要儿子来就放了他,儿子不来就处死他。伍奢知道这是费无忌的阴谋,他说:"我的大儿子伍尚是个善良仁慈的人,我叫他来,他一定会来的,但小儿子伍员却是个桀骜不驯,能忍辱负重成就大事的人,他知道来了一定会被抓起来,所以他绝不会来的。"

正如伍奢所言,兄弟两人见了楚王的使者后,哥哥伍尚要去见父亲,弟弟伍子胥却不同意。伍子胥对哥哥说:"楚王让我们去见父亲,绝不可能放了他,只是想把我们一网打尽,我们回去肯定会被一起处死,这样死去毫无意义,倒不如逃出国,伺机为父复仇。"伍尚回应道:"我也知道去了便是死,但我是儿子,父亲被抓却不能救,父亲召见却因为怕死而不敢去见,就算活下来却无法复仇,这样活着一定遭到世人的耻笑。"他又催促伍子胥说:"你快逃走吧,我相信你一定有能力为父亲报仇的,就让我为了父亲赴死吧。"这时,楚王的手下准备抓兄弟俩回去,伍子胥拿起一把弓,搭上箭,别人不敢追上去抓他,伍子胥就逃脱了。

伍奢在狱中听说小儿子伍子胥逃跑了,又喜又悲地感叹道:"楚国将要遭受战争的苦难了。"伍尚不久被押解回来,父子俩果然一起被处死了。

已死的仇敌

伍子胥后来去投奔了逃亡中的太子建，但不久太子建在郑国遇害，伍子胥只能带着太子建的儿子——公子胜，仓皇逃往吴国。他们徒步过昭关时，追兵在后，面前又被大江挡住了去路。紧要关头，一位渔翁正巧驾舟从江上经过，他二话没说，用自己的小舟将伍子胥他们载过江，躲过了追兵，救了他们的命。伍子胥过江后，把身上唯一值钱的佩剑解下来给渔翁，渔翁说："楚王通告天下，谁捉到伍子胥，加官晋爵，赏赐五万石的粟米，你觉得一把剑比得过这些赏赐吗？如果我真想要发财，我就不会帮助你逃走了。"伍子胥收回佩剑，深深地拜谢了渔翁，继续带着公子胜逃往吴国。一路上，他们风餐露宿，忍饥挨饿，因为生病差点死掉，走不动路只能停留在路边像乞丐一样讨饭。经过千辛万苦，他们总算逃到了吴国。

伍子胥刚到吴国时曾求见吴王僚，但他提出的伐楚谏言被公子光阻碍了，伍子胥觉察出公子光的异心，于是转而推荐了专诸给公子光，自己带着公子胜隐居了起来。过了几年，专诸刺杀了吴王僚，公子光成为吴王阖闾。伍子胥随后成了吴王阖闾的重臣，他推荐孙武担任了将军，后来从楚国逃到吴国的伯嚭被吴王封为大夫，在他们的辅佐下，吴国逐渐强大起来，吴楚之间的对抗也更加激烈。

经过多次较量，吴王联合唐、蔡等国军队，终于彻底打败了楚军，攻进了楚国郢都。伍子胥和伯嚭作为胜利者再次回到楚都，楚昭王逃走了，而他们的仇人楚平王早已死了好几年。复仇心切的伍子胥不顾一切地命令士兵挖开楚平王的坟墓，用鞭子抽打平王的尸体发泄怒火。伍子胥永远无法原谅楚平王杀害自己父兄的血债，他这么多年忍辱负重，苟且偷生也就是为了报仇雪恨的这一天。

救死的老友

伍子胥残暴对待死去的君王，即便在礼乐崩坏的春秋时代，这样的行为也令人发指。伍子胥在楚国有位老朋友叫申包胥，楚军兵败后他也逃走了，当他听说伍子胥做出这么大逆不道的事情后，派人带话给他："你作为楚王曾经的臣子，居然做出侮辱死人这样的事情，虽说是报仇也未免太过分了吧，这是天理难容的啊。"伍子胥回话说："请代我向申包胥表示歉意，跟他说，我年纪大了，就像到了太阳落山而无路可走的地步，所以为了报仇，我只能做倒行逆施的事情。"

当初伍子胥逃离楚国时曾对申包胥说："我以后一定要回来灭掉楚国。"申包胥回答："那我一定会千方百计保存楚国。"后来吴军攻入楚都，楚王外逃，伍子胥掘墓，楚国的末日似乎真的到了。但申包胥没有放弃，他夜以继日地奔逃到了秦国，想求秦君发援兵救楚国，但秦君不肯见他，申包胥实在没有办法了，只能站在王宫前大声哭泣，站着哭累了就坐下哭，坐着哭累了就靠墙哭，就这样哭了七天七夜。秦君感叹道："楚国虽然无道，但楚国还有这样的忠臣，它还没有到灭亡的时候呀。"于是秦国派出了五百乘战车前去救楚，此时吴国国内也发生了叛乱，吴王撤退了，楚国得救了，楚昭王重新回到了楚都。后来在他的治理下，楚国逐渐恢复了力量，慢慢强盛起来。这一切，离不开申包胥的努力。

赐死的老臣

吴王阖闾回国平定叛乱后，吴国在明君良臣治理下，成为令天下诸侯胆寒的新霸主。吴王阖闾后来在橇李之战中伤重不治，继承吴国霸业的是他的儿子吴王夫差，夫差继续重用伍子胥等老臣，任用伯嚭为太宰，按照他父亲的遗训治理国家，吴国得以继续强大。

过了几年，吴王夫差打败了越王勾践，将他包围在会稽山。被逼到绝路的勾践派大夫文种送重礼给太宰伯嚭，请求议和，伍子胥则劝吴王杀了勾践，吞并越国。吴王最终采纳了伯嚭的意见，接受了越王投降。随后的几年里，吴王的野心越来越大，他醉心于北上伐齐，贪图称霸天下的虚名，却完全被勾践臣服的表象所蒙蔽，忘了越国才是吴国的心腹大患。但伍子胥的头脑是清醒的，他屡次苦谏吴王，却遭来伯嚭的谗言，夫差越来越讨厌这个老臣。

伍子胥逐渐对夫差丧失了信心，对吴国的未来感到绝望，他在出使齐国时，将自己的儿子托付给了齐国的大夫鲍牧。这下可被伯嚭抓到了把柄，他向吴王毁谤伍子胥将要叛乱。吴王本来就对伍子胥有诸多不满，于是派人送了一把剑给伍子胥，让他用这把剑自杀。伍子胥一片忠心，落了个如此下场，他嘱托家人说："等我死后，在我坟前种上梓木，等它长大了可以做成棺材，把我的眼睛挂在东城门上，我要亲眼看见越国的军队攻进来。"说完后，他就含恨自刎了。

吴王听说了伍子胥临终的话，认为这老家伙在诅咒他，下令不许安葬伍子胥，并将他的尸体装在了鸱夷皮做的袋子里后扔进了长江。老百姓们感念伍子胥对吴国的功绩，为他悲惨的结局而伤心，他们在长江边的山上为伍子胥建祠堂，这座山就是现在的胥山。

🏮 文化常识

梓木——伍子胥为什么要选它？

"必树吾墓上以梓，令可以为器"这是伍子胥临死前的嘱咐之一，意思是在他坟墓周围种上梓树，等树长大了就可以当作棺木用了。那么，为什么是梓树做棺木呢？这并不是伍子胥的个人偏好，而是因为梓木是古人制作棺椁时的理想木材。

棺椁（读guǒ），是两个概念，棺指棺材，椁指套在棺材外面的大棺。我国早在新石器时代，古人就用木材做成棺，部落首领的坟墓慢慢地开始在棺的外面用木材修建椁室，也就是更大的套棺。使用棺椁在周代形成了制度，天子、诸侯、卿、士死后用什么材质做棺，棺外的椁用几重等都有严格规定，比如帝王用四重棺椁，帝后用两重，普通庶民不能用椁，等等。制造棺椁一般选用梓木为材料，这个传统被后世的王侯将相沿用，梓木逐渐成了棺木的首选木材，他们的棺材也因而专称为"梓宫"。

梓树因为木质优良、耐久、生长迅速等优点，在古代就被人们普遍种植，因此我们会用"桑梓"指代故乡。除了棺木之外，梓木还被用来制作家具、水车甚至造船，广泛应用于生活的方方面面。当然本文伍子胥的遗嘱中，他让人用梓木制造的应该就是棺材，甚至就是给吴王用的，因为伍子胥认定用不了多久，吴国就会遭到越国的入侵。因此，与其说这是伍子胥在死前的遗嘱，不如说是他的诅咒，这也非常符合伍子胥刚烈不屈的性格。

原文选读

《史记·伍子胥列传》选段

伍尚欲往，员曰："楚之召我兄弟，非欲以生①我父也，恐②有脱者后生患，故以父为质，诈③召二子。二子到，则父子俱死。何益父之死？往而令雠④不得报耳。不如奔⑤他国，借力以雪父之耻，俱灭，无为⑥也。"伍尚曰："我知往终不能全⑦父命。然恨父召我以求生而不往，后不能雪耻，终为⑧天下笑耳。"谓员："可去矣！汝能报杀父之雠，我将归死。"

注解

①生：使……活下来。②恐：害怕。③诈：假装。④雠：同"仇"。⑤奔：逃奔。⑥为：有作为。⑦全：保全。⑧为：被。

越王勾践

篇

越王勾践篇 人物关系图

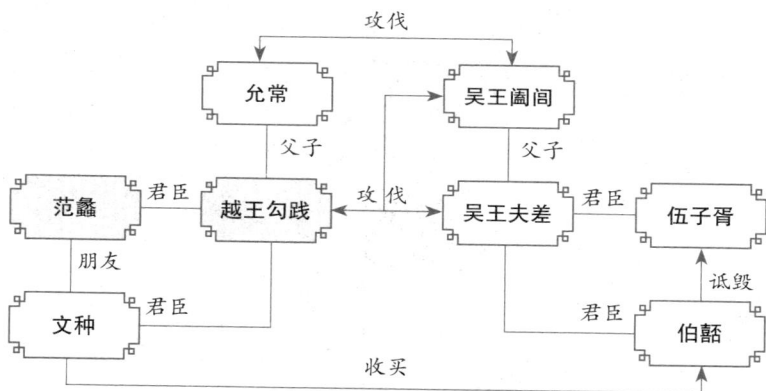

允常 —攻伐→ 吴王阖闾

允常 —父子→ 越王勾践

吴王阖闾 —父子→ 吴王夫差

范蠡 —君臣— 越王勾践

越王勾践 —攻伐↔ 吴王夫差

范蠡 —朋友— 文种

文种 —君臣— 越王勾践

吴王夫差 —君臣— 伍子胥

伯嚭 —诋毁→ 伍子胥

伯嚭 —君臣— 吴王夫差

文种 —收买→ 伯嚭

18. 越王勾践——卧薪尝胆强者心

　　传说越国的先祖是大禹，但越人生活在偏远的南方，而且披发文身，被视为蛮夷。经过二十几代人的传承，这时越国的首领叫允常。吴越相邻，时有矛盾，允常与吴王阖闾也曾互相攻伐。后来允常的儿子继位，这就是越王勾践。

忍辱偷生乞投降

　　勾践的父亲允常刚去世，吴王阖闾就趁机攻打越国。吴越在槜李决战，勾践摆出奇阵战胜了吴军，阖闾也伤重而亡。吴王夫差继位后，始终记恨着勾践的杀父之仇，他加紧训练军队，准备复仇。

　　三年后，勾践不顾谋臣范蠡的劝阻，抢先进攻吴国，吴军以逸待劳获得大胜，越王勾践和五千残兵被包围在了会稽山上。范蠡这时又劝勾践向吴王投降以求保全自己，勾践于是派大臣文种向吴王求降，发誓自己愿做吴王的臣子，妻妾都做吴王的奴婢。伍子胥对夫差说："如今是上天把越国送给了吴国，千万不能饶了勾践。"夫差拒绝接受投降，这下勾践万念俱灰，几乎想要自杀。文种勉励他说："当初商汤被关押在夏台，周文王被囚禁在羑里，小白（齐桓公）逃避到了莒国，而重耳（晋文公）逃奔到了狄国，他们最终不都成功了吗？由此看来，我们现在的处境应该也是一种福分啊。"他接着献计：吴国的太宰伯嚭是个贪财好色的人，可以利用他再向吴王说情求和。事不宜迟，越王立即派文种携带财宝和美女送给伯嚭，伯嚭果然带着文种去游说了吴王。胜利让吴王放松了警惕，这次他赦免了勾践，勾践在文种的帮助下，终于大难不死。

励精图治谋复仇

勾践活着回到了越国后，现在只有一个目标：复仇！他在屋子里挂了一块苦胆，平时经常盯着它看，吃饭时还要舔一下，提醒自己说："你难道忘了在会稽所受的耻辱吗？"勾践就是这样不断地鞭策自己。越王也更加爱护臣子，礼贤下士，从谏如流。他和妻子都亲自参与耕织劳作，吃的是粗茶淡饭，穿的也是朴素的衣服。他对待百姓更加亲切，与他们同甘共苦，经常救济穷人，吊唁死者。

勾践非常信任范蠡，他想要让范蠡来主持政务，但范蠡却推荐了文种，他说："领兵打仗，我可能比文种强一点，但治理国家和百姓的事情，文种要比我更擅长啊。"勾践听从了范蠡的建议，让文种主持国政，而派范蠡去吴国做了人质。两年后，吴王把范蠡放回了越国。在勾践回越国的几年里，他和自己臣民上下一心，励精图治，时刻准备着对吴国的复仇。

静候时机灭强吴

准备了整整七年之后，勾践觉得有实力讨伐吴国了。大夫逢同分析形势说："要讨伐吴国的话一定不能大张旗鼓，这样会让敌方有所准备，吴国现在正在对齐国、晋国用兵，但同时它又与楚国和越国有仇，虽然名震天下，却损害了周室的威望，吴王德行少而战功多，必然狂妄自大。"接着，逢同又提出了他的对策："越国现在最好是结交齐国、晋国、楚国这些与吴国有仇的国家，吴国如果同时与他们发生战争，一定会劳民伤财，到时候越国再趁机讨伐才能成功。"勾践非常赞同他的建议，于是暂缓了伐吴的计划。

又过了两年，吴王不听伍子胥的劝谏，执意兴兵伐齐。文种趁机为勾践献计，以救灾为借口向吴王借了很多粮食，以此不断削弱吴国。伍子胥对勾践君臣的企图看得一清二楚，但是他屡次三番的苦谏，却遭到了伯嚭的诋毁和吴王的忌惮。最后，夫差竟然赐剑命这位老臣自杀，将国政全部交给了伯嚭。伍子胥死了，夫差身边再也没人提醒他提防越国了。

越王伐吴的时机终于来了。这一年，吴国又兴兵北伐，国内只剩下些老弱残兵，越军发动突袭，很快攻破了吴国，留守的吴国太子也被杀。夫差闻讯长途赶回时已是强弩之末，无力回天了。由于常年劳师动众，吴国本已国力衰微，经此一役，更是元气大伤。

四年后，越国再次倾全力进攻吴国。吴王败退到了姑苏山上，无奈只能派人向越王求降。眼见越王动了恻隐之心，范蠡及时阻止他说:"我们越国君臣上下忍辱二十二年,现在上天终于把吴国赐给越国,这样的大好时机我们怎能放过呢?"说完他就击鼓进兵,赶跑了前来乞和的吴王使者。吴王夫差绝望自杀,临死时他掩住脸说:"我没有颜面去见伍子胥啊!"越王埋葬了吴王,诛杀了伯嚭,吴国就这样灭亡了。

越王勾践吞并了吴国,终于成了天下的霸主。勾践的子孙数代之后传到越王无强的时候,越国被楚威王攻灭,王族分崩离析,从此臣服于楚国。

✿ 文化常识

卧薪尝胆——究竟是谁更加偏执?

一提到越王勾践,大家的脑海里可能马上跳出"卧薪尝胆"这个词,但在《史记》中却仅仅记录了他"尝胆",并没有关于"卧薪"的文字。当然,勾践复仇的决心和毅力并不是一个词语可以概括的,他败北之后,暗中准备了二十多年才复仇成功,简直隐忍到有些偏执的程度了。

不过要说起坚韧或者偏执,吴王夫差比起勾践来可一点儿也不差。夫差的父亲吴王阖闾在檇李之战中败给了勾践,伤了脚趾后回来伤重不治。夫差就是在这样的情况下继承君位的,他始终记着越国的杀父之仇,并且发誓要报仇雪恨。《史记》描写了阖闾临终时对夫差"勿忘报父仇"的遗言,在《左传》中也记录了一个细节:夫差怕自己忘记父仇,设了专人站在宫中,每当夫差路过他面前,那人就会大声发问:"夫差,你忘记越国的杀父之仇了吗?"夫差每次都要应答:"不敢忘!"他就是这样时刻提醒自己要忍辱负重,三年后果然复仇成功。

尽管勾践"卧薪尝胆"的故事一直流传到现在,但吴王夫差也曾为了复仇励精图治,无论他俩谁更偏执,我们都了解到了当年吴越之间针锋相对、你死我活的残酷斗争,以及在这一过程中涌现的一个个生动的历史人物。

原文选读

《史记·越王勾践世家》选段

越王勾践反①国,乃苦身焦思②,置胆于坐③,坐卧即仰胆,饮食亦尝胆也,曰:"女④忘会稽之耻邪⑤?"身自耕作,夫人自织,食不加肉,衣不重采⑥,折节下贤人⑦,厚遇宾客,振贫吊⑧死,与百姓同其劳。

注解

①反:同"返",返回。②苦身焦思:指忧心苦思的样子。③坐:同"座",此指座位上方。④女:同"汝",你。⑤邪:读yé,相当于"耶",表示疑问的语气词。⑥重采:多种颜色的华美衣服。⑦折节下贤人:类同"折节下士",此指屈己尊重贤能的人。⑧吊:慰问。

19. 范蠡——兔死狗烹智者行

越王勾践的成功离不开他身边的臣子，其中范蠡起到的作用最为关键，司马迁在《史记》中对范蠡的记述也最为详细，不仅在《越王勾践世家》的后半部分专门写了范蠡的故事，而且在《货殖列传》中也对他大大地称颂了一番。

狡兔死 走狗烹

吴王夫差自杀，越王勾践灭吴，大功告成。范蠡辅佐勾践二十多年，劳苦功高，获封为上将军，回到越国后，他反而忧心忡忡。二十年朝夕相处，他实在太了解越王勾践的为人了，自己功劳越大，越王对自己的猜忌就越多。他拜见越王说："臣听说作为臣子应该为君王分劳解忧，君王受辱则臣子受死。当年君王在会稽受辱，微臣本来应该替您受死的，但我仍然苟活着，只是为了能和您一起报仇雪恨。现如今吴国已平定，大仇已报，我请求您赐我一死，这是当年您会稽受辱时，微臣欠下的。"越王听了大笑着说："你这是说的什么话，现在命令你与我共享荣华富贵，你违抗的话才真的要你的命。"范蠡叩首谢道："既然这样，那么请允许微臣照自己的意愿行事。"不久，范蠡便举家乘船出海，离开了越国。越王虽然找不到范蠡，但他仍将会稽山作为范蠡的封地，以表彰他的功绩。

过了些时候，范蠡写了封信给文种，劝他说："蜚鸟尽，良弓藏，狡兔死，走狗烹。"意思是说，天上的飞鸟被射尽，那么射鸟的弓就没用了，要被主人收藏起来了；地上的狡兔都被猎杀完，那么猎狗就没用了，要被主人烹煮了吃掉了。范蠡在信中写道："越王天生长颈鸟喙的样貌，这种脖子长长，嘴巴尖尖的人只能共患难，却不能同享乐，你还待在他身边做什么，赶紧离开吧。"

文种看了信也开始警觉起来，甚至托病不再上朝参政，然而越王终于还是对他放心不下。文种不久就收到了越王的赏赐———一把宝剑，越王传话说："你教我讨伐吴国的七条计策，我只用三条，吴国就被灭了，还剩下四条计策麻烦大人带给先王去演练一下吧。"范蠡的警告言犹在耳，文种也只能苦笑着提剑自刎了。

陶朱公　大富翁

范蠡从越国乘船离开后，从海路到了齐国，他隐姓埋名，自称"鸱夷子皮"，当初伍子胥的尸体就是被装在鸱夷子皮里扔进长江的，范蠡取这个名字也许有其深意吧。范蠡带领全家在齐国海边辛勤耕种，努力置业，积聚了不少财富。齐王听说他很贤能，曾经请他为相，但没过多久范蠡就辞了相位，他预感到自己身居高位，又家有巨产，可能并不吉利，于是他再次散尽家产，带领家人从齐国迁走了。

这一次，范蠡选择了宋国陶邑这个地方安顿下来，因为陶邑地处天下各国的中心地带，道路四通八达，诸侯往来频繁，最适合做生意。范蠡把自己的名号改成了"陶朱公"，准备再次经商。陶朱公眼光独到，善于把握时机，他和子弟们一边耕种一边做买卖，赚取利润。经过几年的辛勤打理，陶朱公又积累了巨大的财富，他年老之后就把产业交给子孙后代打理，终老于陶地。陶朱公一生不但善于致富，又懂得处世之道，经常行善乐施帮助贫苦的亲戚和朋友，后来成了天下称颂的大富翁。

钱重要　命枉送

关于陶朱公，《史记》中还记载了这样一个故事。

陶朱公的次子在楚国杀了人，即将被处刑。陶朱公准备派小儿子去楚国搭救次子，他的大儿子却觉得自己是长子，应该派他去。陶朱公后来被迫改派大儿子去了楚国，给了他千镒黄金和一封信，让他交给老朋友庄生处理，别的事情不要干预。大儿子答应了，但上路前自己又多备了一些黄金。

大儿子到了楚国，见了庄生。庄生收了黄金，看过信后对大儿子说："你速速离开楚国，到时候等着接回你弟弟。"大儿子却并不信任庄生，因为他家看上去很寒碜。大儿子留在楚国，私下里继续打点了关系搭救弟弟。

庄生确实很穷，他有才能却非常清廉，所以楚国上下连楚王都非常尊敬他。庄生收下陶朱公的黄金，也并非贪财，他只是想收下黄金表示应允，准备等事成之后再把黄金还回去。庄生很快拜见了楚王，对他说天象呈现出灾祸，只有通过大赦才能化解。楚王立刻下令大赦全部犯人，陶朱公的次子也将被释放。

大儿子得知楚国将大赦，不禁心疼起那千镒黄金，早知道楚国要大赦，就不用浪费那么多钱给庄生那个穷鬼了。大儿子左思右想，终于还是去庄生家告别，庄生见大儿子还留在楚国，立刻明白他是来讨还黄金的。庄生当场还了黄金，但却感觉受到了极大的侮辱。一气之下，他设法让楚王收回了对陶朱公次子的赦免，次子于是被立刻处死了。

最后，大儿子带着弟弟的尸体回来了，家里人都非常伤心，陶朱公却很平静，仿佛早有心理准备。他对家人说："我起初想派小儿子去，是因为小儿子出生时，我们家已经很富裕了，他从小到大没缺过钱，所以他觉得钱财不重要；但是大儿子不一样，他跟着我一起辛苦劳作，跟着我一起发家致富，所以他知道钱财来之不易，把钱看得很重。我预感到他会因为太在乎钱而误了弟弟的性命，所以我每天都等着次子的死讯，现在果然被我等来了。"

这个故事听上去不大真实，但陶朱公说的又合情合理。一个具有大智慧的人，必然拥有过人的眼界和超凡的预判，才能始终做出合理而准确的决策。纵观范蠡的一生，在吴国身处高位却能急流勇退，在齐国功成名就却依然挂印而去，最后成为富甲天下的陶朱公，乃至被后世尊为商圣、财神，范蠡可真是一个通透而幸运的人物啊！

🍀 文化常识

古代的钱——千镒黄金是多少？

本篇讲的是财神陶朱公，那就一起来谈谈古代的"钱"吧。在拯救次子的故事中，陶朱公为救儿子准备了"黄金千镒"，那么这个"千镒"是个什么概念呢？先秦时期的货币又是什么样的呢？

在记录汉代经济政策的《史记·平准书》中，司马迁记录道："及至秦，中一国之币为二等，黄金以溢（同'镒'）名，为上币；铜钱识曰半两，重如其文，为下币。而珠玉、龟贝、银锡之属为器饰宝藏，不为币。"可见，秦汉时期的货币只有两种，一种是"上币"黄金，以"镒"为单位，另一种是"下币"铜钱，一般为"半两"，除此以外的珠宝玉器、龟贝壳类以及银锡等金属，都只作为装饰的珍贵器物，而不能作为货币。秦时一镒黄金为二十四两（也有研究说是二十两），当时十六两为一斤（所以形容两者差不多的"半斤八两"一词，字面意思"半斤"和"八两"就是相同的重量），但是秦代一斤约为253克，所以按照这个量值计算的话，一两约为16克，则一镒约为380克，那么千镒约380千克，怕是用一辆马车都不一定能够装得下。

先秦时期民间流通使用的货币主要是铜钱（在本书《孙叔敖——三番为相兴南邦》中对铜币作了具体介绍），黄金是贵重的称量货币，一般不流通。但是无论当时一镒黄金的购买力是多少，千镒黄金都是一个非常夸张的数字，所以在故事中如果看到"千镒""千金"，大多数时候我们可以理解为表示很多钱财的虚数，而不能认为是一个精确的数字。

🔅 原文选读

《史记·越王勾践世家》选段

范蠡遂去，自齐遗①大夫种书曰："蜚②鸟尽，良弓藏；狡兔死，走狗烹。越王为人长颈鸟喙③，可与共患难，不可与共乐④。子何不去？"种见书，称病不朝⑤。人或谗种且作乱，越王乃赐种剑曰："子教寡人伐吴七术，寡人用其三而败吴，其四在子，子为我从⑥先王⑦试之。"种遂自杀。

🔖 注解

① 遗：读 wèi，送。② 蜚：同"飞"。③ 鸟喙：鸟嘴，这里指人的脸部长得像鸟嘴一样，形容人的尖腮面相。④ 乐：享乐。⑤ 朝：上朝。⑥ 从：跟从。⑦ 先王：指死去的越国的先王。

孔子

子

篇

"孔子"字形：汉隶

孔子篇　人物关系图

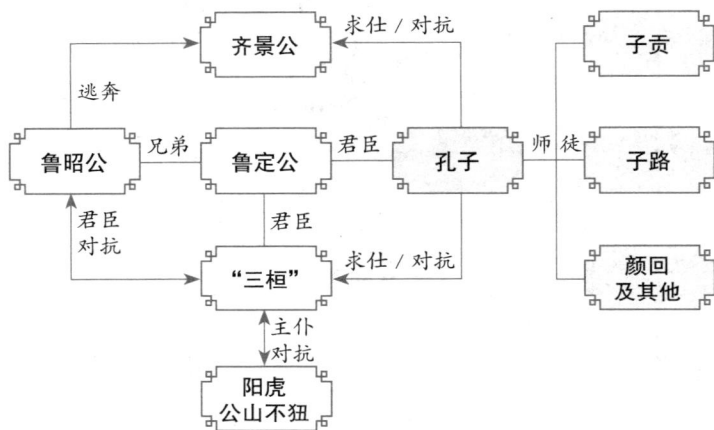

齐景公 ──求仕/对抗── 孔子

子贡

鲁昭公 ──兄弟── 鲁定公 ──君臣── 孔子 ──师徒── 子路

逃奔

君臣对抗

君臣

颜回及其他

"三桓" ──求仕/对抗── 孔子

主仆对抗

阳虎
公山不狃

20．孔子——万世师表的夫子

孔子是一位划时代的人物，他并非出生诸侯世家，《史记》中却有《孔子世家》，另有《仲尼弟子列传》记录孔子弟子事迹。在整部《史记》中，司马迁多次提到孔子的言论，对孔子的推崇可见一斑。让我们循着太史公的记述，一起了解孔子的一生及其所处的时代。

生于鲁

孔子是鲁国人，名丘，字仲尼，诞生于鲁襄公二十二年（公元前551年）。孔子的父亲是叔梁纥，母亲姓颜，孔子出生不久，父亲就去世了，他是母亲抚养大的。孔子从小喜欢摆弄俎豆等礼器，还模仿大人的样子演练周礼仪式。母亲去世后，孔子将她与父亲合葬在一起。

孔子父母双亡，生活不富裕，社会地位也不高。有一回鲁国大贵族季氏举行宴会，孔子想去参加，但季氏的家臣阳虎把他拦在门外，于是孔子就回去了。孔子的贤名逐渐为人所知，比如鲁国的大夫孟厘子，他临终前嘱咐儿子懿子去跟从孔子学礼，他说孔子的先祖是宋国的贤人，虽然孔子不显贵，但他从小知书好礼，以后必定也是贤人。

孔子个子很高，足有九尺六（约1.89米），人们管他叫"长人"。孔子年轻时曾做过季氏家里的小官，他无论做什么事情都很有办法，出纳粮食既公平又准确，管理牲畜也颇见成效。大约30岁时，孔子已很有名望了，很多人都跟随他学习，他的弟子有孟懿子、南宫敬叔、曾点、子路等。在这期间，他还和弟子们一起去拜会了博学的老子，向老子讨教了不少问题。

求仕于齐鲁

当时，天下诸侯以晋、楚、齐最为强大，鲁国夹在强国中间，时时受到他们的威胁，尤其是强邻齐国，稍不慎就会遭到齐的讨伐。这时候的齐侯是齐景公，辅佐他的是名相晏婴。鲁国此时的国君是鲁昭公，但掌控鲁国实权的是三家贵卿，即号称"三桓"（因为三大家族的先祖都是鲁桓公的儿子）的季孙氏、叔孙氏和孟孙氏。后来，鲁昭公与季平子因为斗鸡闹矛盾，闹到互相攻伐的地步，最后季平子联合"三桓"的军队打败了鲁昭公，鲁昭公只能逃去齐国避难，齐景公收留了他。

孔子这时35岁，他也来到齐国，想找机会施展抱负。齐景公曾经和孔子有过几番交流，他很欣赏孔子的主张和才能，但齐相晏子却不喜欢孔子这样的儒者，认为他们的繁文缛节劳民伤财，不能治国理政。齐景公最终没有重用孔子，孔子还是回鲁国了。

孔子42岁时，鲁昭公在齐国去世，他的弟弟鲁定公在鲁国继位。但是鲁国社会并不安定，家臣的权力往往强过主人。鲁君被"三桓"掌控，但"三桓"的家主也受到了自己家臣的威胁，比如季孙氏的家臣阳虎就想着推翻季桓子。鲁国上下都陷入了这种下克上的乱局：卿族夺公室的权，而卿族的家臣又想夺卿族的权。孔子对鲁国礼崩乐坏的混乱局势很失望，无心出仕，关起门来修书做学问，专心研究《诗》《书》《礼》《乐》等。另一方面，他教授学生的大门始终对所有人开放着，很多人慕名而来向他求学，孔子的弟子越来越多。

孔子50岁时，阳虎推翻"三桓"失败，逃去了齐国。但季桓子的另一个家臣公山不狃也反叛季氏，他邀请孔子帮他管理费邑这个地方，这对孔子来说似乎是一个施展才华的机会，但他终究没有去。不久，鲁定公任命孔子为中都宰，管理鲁国中都这个地方，孔子欣然受命，并且成绩斐然。一年后，官员们都来学习孔子管理中都的方法，鲁定公也很高兴，孔子很快升任司空，又从司空升任为大司寇。这是孔子在鲁国展现政治才能的一段时期，在内政和外交上都为鲁国做了很多贡献。

这一年，齐鲁在夹谷这个地方盟会，孔子事先做了周密安排，在夹谷之会上为鲁国争取到利益，齐国被迫归还了几处鲁国的土地，这是孔子在外交上的高光时刻。

在内政上，孔子计划帮助鲁君削弱"三桓"的力量。孔子要求"三桓"拆除他们各自城邑的城墙，这引起了公山不狃等人的不满，公山不狃被赶走后，其他贵族势力仍不断阻挠，拆除城墙的工作最终没能完成。尽管如此，在孔子的治理下，鲁国政局逐渐稳定好转，在他56岁时，鲁定公让孔子代理相位并开始主政。

孔子主政鲁国引起了齐国的极大不安。齐国谋划出一个计策，他们为鲁定公选了八十名能歌善舞的美女，用三十辆华丽的马车将她们送到了鲁都的城门外。季桓子帮鲁定公偷偷去查验了美女和马车，很快接收了这份"厚礼"，鲁国君臣果然中了齐国的计谋，沉迷享乐，不理朝政。孔子逐渐被鲁君疏远，他既失望又痛心。在子路的劝说下，孔子带领弟子们离开了鲁国，开始周游列国。

游走于列国

孔子和弟子们离开了鲁国，在邻国卫国停留了几个月后，准备去陈国。经过匡这个地方时，当地人把孔子错认成了阳虎。匡人痛恨阳虎，竟把孔子一行人围困了起来。弟子们都很害怕，但孔子却很镇静，他宽慰弟子们说，自己背负着继承周礼的天命，匡人是奈何不了上天的，果然没过多久他们就平安地离开了。孔子经过蒲地后又折回卫国，卫灵公和夫人南子一向很尊敬他，安排孔子乘车跟在他们的车后穿过闹市，但孔子却很讨厌这个安排，他很快又离开了卫国。这时，鲁定公在鲁国去世了，他的儿子鲁哀公继位。

孔子一行经过曹国继续前进，一路上又遇到很多坎坷：在宋国，孔子正在大树下讲学，当地人把树给砍了；经过郑国时，孔子与弟子们走散了，孤零零站在城门下，郑国人形容他"若丧家之狗"，后来子贡按照郑国人的描述找到了老师，孔子认为郑国人对他的描述很形象；在陈国，他们住了三年，但陈国弱小，不断被楚、吴等国侵略，孔子又只能离开；在蒲地，他们与蒲人一番恶斗后，又回到了卫国，这时卫灵公也老了，不理朝政，孔子于是又去了陈国；从陈国去往蔡国的路上，他们曾遭受长时间的围困，大家又饿又累，后来幸亏楚王派了军队解围，但是他们没能在楚国久留，再次回到了卫国。

当时的鲁君是鲁哀公，主政的是季桓子的儿子季康子，孔子的学生冉有是他的家臣。季康子非常欣赏冉有的能力，又想起父亲在世时也曾挂念过孔子，于是他就派人迎接孔子回鲁国。这一年，孔子68岁，他离开鲁国已经14年了。

逝于鲁

孔子回到鲁国后，不再谋求做官施政，而是专注于编修书籍。当时正是春秋末期，周室衰弱，礼崩乐坏，《诗》《书》等古籍都已残缺，孔子对古籍重新编写整理，因而使《书传》《礼记》得以保存下来。当时流传下来的古代诗歌有3 000多首，孔子删去其中重复的部分，选取可用于礼仪教化的内容，共计305首，都编入了《诗经》。孔子还花费很多心血编撰整理了鲁国的史书《春秋》，他说后世的人们会因为《春秋》而对他进行褒贬。孔子晚年很喜欢读《易》，他翻看研究了很多遍，以致连接竹简的绳子都被磨断了好几回。

孔子始终教导着他的学生，他从诗、书、礼、乐四个方面教导弟子，跟随他的弟子达到3 000多人，其中精通礼、乐、射、御、书、数这六艺的有72人。

孔子去世前的两年里，接连失去了两位爱徒——颜渊和子路。这一天，子贡来看望老师，见孔子正拄着拐杖在庭院里散步，嘴里叹息着："泰山要崩坏了啊，梁柱将折断了啊，而哲人就这样凋零了啊！"他见到子贡，流着泪说道："天下无道很久了，但没有人遵循我的学说，我听说夏人死后在东阶停棺，周人死后在西阶停棺，而殷商的人死后在正堂的两柱之间停棺。我昨晚做了个梦，梦见自己在两柱之间接受人们的祭奠，我的先祖果然是殷商的人啊！"说这番话的七天之后，孔子就去世了。

孔子逝世时73岁。弟子们为他服丧三年后，流着泪互相道别，也有人舍不得离开，留了下来，子贡在墓地旁建了间屋子，住了六年才离开。后来，陆续搬到孔子墓地旁居住下来的有一百多户人家，这个地方于是被称为"孔里"。鲁国人定期为孔子举行祭祀仪式，后世也经常有人来这里祭拜孔子，包括很多帝王贵族，直到司马迁写下这篇《孔子世家》的年代依然如此。

🏮 **文化常识**

韦编三绝——孔子看的书长啥样？

孔子一生编修了很多书籍，与我们现在不同，当时残缺的《诗》《书》等古籍，并不是写在纸张上的，而是刻在竹木简上的。我们一起来了解当时孔子看的"书"。

春秋时代，书写的载体主要是竹子或木头制作的简牍。

以竹简举例来说，一般先削制成长宽差不多的狭长竹片，每片从上到下可写一两行字，然后左右并排用绳子串编起来，使之变成连贯文本，古人称之为"册"。所以直到现在，我们仍习惯把纸质的书本、练习本等称为"一册书""练习册"。孔子晚年喜欢读《易》，因为他经常翻读那些竹简，以至于串联竹简的绳子都断了好几回，留下了"韦编三绝"这个典故。简牍比纸笨重，因而一部写在简牍上的书，搬运和存放也非常不易。"学富五车"这个成语源于《庄子》，原文是形容惠施博学，"其书五车"，当时这么重的竹木简牍，也确实需要马车来装载搬运。

虽然竹木简牍如此笨重，但它的出现也是一个伟大的进步。因为在这之前，文字的载体是甲骨、青铜器和石头等更加笨重和不方便书写的材质，或者是丝帛这种奢侈昂贵的材质，很多记录下的文字也仅仅起到占卜、献颂等特殊的功能。因而，自从我们的古人开始用竹木作为书写载体后，客观上极大地方便了知识和思想的积累和传播，从而迎来了春秋战国时期百家争鸣的文化繁荣时代。

当然，我们也由此更能体会孔子编订古籍的艰辛，从断了绳子的散乱竹简中找到正确的文本，再结合自己的学问或删减或补充，最后重新修编成册，这确实是一件非常了不起的事情。同样，司马迁写《史记》的西汉初期，虽然离孔子的年代已过了近500年，但他博览的古籍以及写下的《史记》也还是竹木简牍，并不比孔子的时代轻松多少，所以太史公自认继承了孔子的事业，确乎实至名归，不辱使命。作为他们的后人，当我们读到这些先人书写在竹木简牍上、传承了两千多年的珍贵文字和思想时，都会由衷地感到幸运和感激。

原文选读

《史记·孔子世家》选段

太史公曰：《诗》有之："高山仰止，景行①行止。"虽不能至，然心乡往②之。余读孔氏书，想见其为人。适③鲁，观仲尼庙堂车服礼器，诸生以时习礼其家，余祗回留之④不能去云。天下君王至于⑤贤人众矣，当时则荣，没⑥则已焉。孔子布衣，传十余世，学者宗⑦之。自天子王侯，中国言六艺者折中⑧于夫子，可谓至圣矣！

注解

① 景行："行"读háng，宽阔的大道。② 乡往：向往。③ 适：到……去。④ 祗回留之：徘徊留恋。⑤ 至于：到……地步。⑥ 没：指前述君王贤人不在位、失势后。⑦ 宗：遵循，效法。⑧ 折中：取正，使之适中，此指以孔子学说为标准。

21. 子贡——伶牙俐齿的才子

子贡姓端木，名赐，字子贡，卫国人，小孔子31岁。孔子死后，子贡在他墓地边居住了整整六年，可见他对孔子的感情至深。作为孔子最器重的学生之一，子贡的成就和事迹在《史记》中多次被提及，在《孔子世家》《仲尼弟子列传》《货殖列传》等篇目中，司马迁为我们呈现了一个丰富多彩的子贡形象。

可倚仗的学生

子贡曾跟随孔子周游列国，同甘共苦了许多年。他聪明而谦虚，经常请教老师，孔子也很喜欢和他交流。在蒲地时，当地人逼迫孔子发誓不去卫国。结果孔子一离开蒲地，就直奔卫国，子贡纳闷了："老师，盟誓难道可以违背吗？"孔子回答他，在胁迫下所作的盟誓，神是不理会的，所以无所谓违背。看来，孔子绝不是个迂腐的人。

子贡能审时度势，因而擅长解决实际问题，在孔子周游列国的过程中，总是能帮到老师。孔子在郑国与弟子们走散了，有人告诉子贡有个"累累若丧家之狗"的人立在东门，子贡根据他提供的信息，果真找到了孔子。孔子是个大度的人，自己被形容成"丧家之狗"却一点都不生气，而子贡能立刻找回"丧家之狗"一样的老师，恐怕他也很赞同这个比喻吧。

跟随孔子周游的弟子中有一位叫冉求，有一年鲁国的季康子派人来邀请冉求回国，准备任用他。子贡察觉到老师也有归国的念头，在送别冉求时，子贡悄悄拜托冉求说："如果你回去得到重用，务必找机会让他们邀请老师回国。"正如子贡所预见的那样，冉求后来果然为季康子立了大功，因而说动季康子邀请孔子回国。

孔子非常信任子贡这位爱徒，他知道子贡能审时度势，机智善辩，所以经常派子贡去完成游说诸侯等重要任务，子贡也每次都能帮助老师解决现实困境，是孔子最能倚靠的弟子。

善辩论的弟子

孔子说自己弟子中才能出众的有77人，可以从四个方面（四科）再列出其中的佼佼者10人，这就是有名的"四科十哲"。"四科"分别为"德行""政事""言事""文学"，子贡被列在"言事"中，也就是口才出众，善于辩论。《仲尼弟子列传》中用很大的篇幅，记述了子贡凭借口才改变天下大势的一件事。

事情的起因是齐国准备攻打鲁国，孔子希望派出弟子前往游说，拯救母国，他派出的弟子就是子贡。子贡是如何展开游说的呢？

子贡先了解到齐国攻打鲁国的目的。原来齐国的权臣田常，想要独掌齐政，他发兵讨伐鲁国的目的，是希望通过战争消耗齐国众卿的力量，这样他就能一家独大，控制齐国。子贡去齐国劝田常说，鲁国太弱小，齐军不费吹灰之力就能取胜，这样起不到削弱齐国众卿的目的。接着他建议田常，损耗军队就要打硬仗，去进攻强大的吴国吧。田常觉得有道理，但齐军已经准备去伐鲁了，突然改打吴国，会令人起疑。子贡自告奋勇去劝说吴王救援鲁国，这样田常就有理由伐吴了。

子贡马不停蹄地赶去吴国，以称霸中原为诱饵，轻松说服了好大喜功的吴王夫差去救鲁，但吴王担心越国会趁他领兵在外时从背后偷袭吴国。为了让吴王放心，子贡又去游说越国。子贡对越王勾践说，如果吴国伐齐胜利，就会继续劳民伤财与晋国争霸，吴国国力消耗殆尽，越王就能彻底打败吴国了。听了子贡的话，勾践立刻派出军队跟随吴王伐齐，向吴王表示效忠。吴王也放心地发动大军赶去救援鲁国，这就为田常提供了伐吴的借口，如愿调动齐军与强吴对战，于是鲁国得救了。

但是，经过子贡的这番游说后，天下诸侯在之后的十年中，就像多米诺骨牌一样发生了连锁反应：齐与吴大战、吴战胜齐、吴晋争霸、越偷袭吴、吴败于越，最终吴国被越国攻灭，越国北上称霸。凭借子贡一人的口才，存鲁、乱齐、破吴、强晋、霸越，十年之中，改变了天下大势，这个故事虽然精彩，但也真是令人匪夷所思。

最富有的门徒

子贡不但辩才了得，而且具有商业才能，这方面的事迹被记录在《史记》的《货殖列传》中。子贡学成后，告别老师回卫国做官，他利用高超的商业手段在曹国和鲁国之间做生意，因而积聚了很多财富。他是孔子弟子中最富有的，他乘坐着四匹马拉的豪华马车，载着贵重的礼物往来于各国诸侯间，各国君主都对他以礼相待。子贡利用自己的财富和影响力将老师的学说发扬光大，所以孔子的学说和事迹，在天下各国得到宣传，产生了更加深远的影响。孔子有这样一位既有才能又有财力的学生，无论生前死后都是极幸运的。

当初，子贡完成了学业，曾经问孔子："老师，您觉得我是怎样一个人啊？"

孔子回答："你呀，就像一个器皿。"

"那……是什么样的器皿呢？"子贡追问道。

孔子答："瑚琏之器！"

瑚、琏都是当时宗庙内盛放黍、稷的礼器。可见，子贡在老师的心目中，也是兼具仪礼与实用的不可或缺的宝物啊！

文化常识

六艺——周代的综合素质培养

孔子收徒有教无类，无论出身什么阶层，都可以跟他学习，有"弟子三千，贤者七十二"之说。从《孔子世家》

148

中可见，这些贤者应该就是精通六艺的人，那么六艺包括哪些内容呢？六艺是周代贵族必须习得的六个方面的才能，在《周礼》中即有记载，概括地说就是：礼、乐、射、御、书、数。

"礼"是指礼节，大到国家的正式场合，小到日常人际交往，都要循礼，礼是当时重要的德行教育。"乐"则指音乐方面的教育，是当时的艺术教育，《孔子世家》中曾记载孔子非常擅长且热爱学习音乐。他曾跟着师襄学弹琴，反反复复就学一首曲目，边学习边从中得到新的领悟：曲子的技法、曲子的思想甚至作曲者的形象，他最后准确地描述出作曲者的形象，判断作者是周文王，而这首曲子果真就是《文王操》，令师襄叹为观止。

"射"是射箭的各种技巧，"御"是驾驭马车的能力，这两项有点类似现在的体育教育，在当时是武士必备的战斗技能；"书"不仅是会识字、写字，而且要会读书、作文，可以归类为文化教育；"数"则并不仅仅是数字，而是当时理数、气数等研究自然和生活中各类规律的学问，我们现在可将天文地理归类为科学教育，那么"数"可能就有点像当时古人的"科学"类课程吧。

孔子晚年热衷于读《易》以致韦编三绝，《易》包含着很多数的知识。可见，孔子本人不仅精通六艺，而且是一个充满好奇心、热衷于学习的人，正如他自评的"其为人也，学道不倦，诲人不厌，发愤忘食，乐以忘忧，不知老之将至"。我们不禁理解了为什么司马迁对孔子是那样心向往之，孔子的弟子有这样一位老师是多么幸运，而我们有这样一位

"至圣"作为中国历史上第一位老师，也是多么荣幸啊！

原文选读

《史记·孔子世家》选段

子贡色作①。孔子曰："赐②，尔以予为多学而识③之者与?"曰："然。非与④?"孔子曰："非也。予一以贯之⑤。"

注解

①色作：变了脸色，指生气了。②赐：子贡的名。③识：记住。④非与：不是吗?⑤一以贯之：指用一种原则和方法把它们贯穿学会。

22. 子路——死不免冠的君子

　　仲由，字子路，或称季路，鲁国人，小孔子9岁。季路是孔子身边最为亲近的学生之一，因为生性豪爽，又有勇力，所以在周游列国时，一直担当着保护老师的职责。在《史记》中记述子路事迹的有《孔子世家》《仲由弟子列传》《卫康叔世家》等篇。

"野哉，由也"

　　子路生性粗犷，年轻时好勇斗狠，穿着也相当醒目，头上插着漂亮的公鸡羽毛，腰上佩戴着公猪形状的配饰，招摇过市。他只比孔子小9岁，在没拜孔子为师时，还曾经欺负过孔子，我们知道孔子是有名的大高个，子路居然也敢挑战，果然是位好汉。但孔子并不跟他一般见识，而是对他耐心地施以教化，子路逐渐对孔子心服口服，后来他换上了儒者的衣服，在孔子学生的引荐下，正式拜孔子为师。

　　子路曾请教孔子："君子应该崇尚勇敢吗?"孔子说："首先应该讲道义，君子（贵族）崇尚勇敢但不讲道义的话，就会作乱;小人（平民）崇尚勇敢而不讲道义的话，就将成盗。"

可见，子路崇尚的勇敢，孔子认为应该关进道义的笼子。

孔子对子路有过不少评论。他说子路听了片面之词就能判断案子，非常果敢；他还说子路崇尚的勇敢太过了，有时候反而不适用；他甚至担心子路这种近乎鲁莽的性格可能令其不得善终。对于子路的学问，孔子直言不讳地说他已经登堂却未入室（"由也升堂矣，未入于室也"），就是说他的学问还不算最好。

子路心直口快，和孔子交流起来也一向是畅所欲言，有时候也难免被孔子教育。有一回，子路问老师："如果卫国国君请您主政的话，您首先会做什么事？"孔子说首先要端正名分，子路很不以为然："您可真是迂阔啊，这有什么要端正的呢？"他的话引来孔子一顿数落："仲由，你可真是粗鲁呀（野哉，由也）……"孔子又讲了"名不正则言不顺，言不顺则礼不成"的道理，教育他不先正名的话是做不成任何事情的，更不用说治国了。

子路喜从游

尽管子路经常和老师争论，但孔子与子路却非常亲近，两人年龄相差不大，亦师亦友。正是在子路的催促下，孔子才决绝地离开了鲁国。在孔子周游列国时，子路也总是陪护在孔子身边，简直是老师不可或缺的贴身侍卫，因而从《孔子世家》中可以看到，但凡路上遇到了情况，与孔子沟通最多的就是子路。

孔子在卫国时，曾被卫灵公的夫人南子召见，孔子推辞不掉，只能去宫中见南子，虽然他并没有失礼之处，但等他回来时，子路还是对老师去见南子表达了不满，逼得孔子只能指天发誓说："如果我没说实话，就让上天嫌弃我吧！"

有一天，孔子和弟子们找不到渡口了，正好长沮、桀溺两人在并肩耕田，孔子派子路去向他们问路。长沮、桀溺两人得知是孔子，就嘲笑说既然是圣贤，孔子应该知道往哪走啊。他们还劝子路说，孔子躲避乱臣贼子而四处游走，他俩躲避乱世而隐居农耕，与其追随孔子，还不如效仿他俩呢。子路把他俩的话回报给了老师，孔子带着弟子们无奈地离开了。

一路上，还有不少隐士比如荷蓧丈、楚狂接舆等对孔子冷嘲热讽，但孔子认为如果像隐者那样为了自保而避世无为，那人跟鸟兽有何区别？如果天下太平，他又何须辛苦奔波去寻求改变呢？这就是隐者与儒者不同的处世态度吧。

"嗟乎，由死矣"

子路是孔子学生中"政事"方面的佼佼者，擅长施政管理，孔子曾经评论"子路的才能可以执政千乘之国"，子路后来做了卫国贵族孔悝的家臣，他也因此惨遭不幸。

卫灵公宠幸的南子夫人与太子蒯聩有矛盾，蒯聩后来被废除了太子身份，逃离了卫国。卫灵公死后，蒯聩的儿子继承了祖父的君位，就是卫出公。蒯聩想要设法回国夺位，于是他求助于自己姐姐，也就是孔悝的母亲。孔悝是卫国的卿，蒯聩通过她姐姐做内应，潜入孔府胁迫孔悝帮他弑君作乱。

孔悝被挟持时，子路在外，他得到消息就想赶紧回去，赶到城门时，正巧遇上孔子的另一个学生子羔从城里逃出来，子羔对子路说："城门已经关了，卫出公也已经逃走了，你也赶紧去避一避吧。"子路却说："我吃的是孔悝给的俸禄，他正遭难，我不能不管他。"子羔自己逃走了，子路却找准时机冲进了城。当他赶到孔府时，看到蒯聩正逼着孔悝上高台与他盟誓作乱，子路在台下大声劝阻，蒯聩不听，子路索性就在台下放起火来，想吓阻蒯聩。这时，蒯聩的两个手下冲下台与子路搏斗，子路寡不敌众，渐渐不支。打斗中，子路的冠缨被割断了，冠就要掉下时，子路连忙用双手拉住冠缨重新系上，就在这时，敌人给了子路致命一击，子路就这样结缨而死了。

当孔子在鲁国知道卫国的变乱后，立刻预感到子路会有危险，他焦急万分地喊着："嗟乎，由死矣（天哪，子路必死无疑了）！"果然，不久之后，就传来了子路惨死的消息，孔子为此伤心了很久。第二年，孔子就去世了。

🌀 文化常识

冠缨——比性命还重要的是什么？

冠缨就是古人佩戴头冠时系在颌下的带子，起到固定头冠的作用。春秋时期，遵照周公所制的周礼，贵族阶层的男子都要行冠礼，这既是成年的标志，也是礼的开端。行冠礼的年龄是二十岁，头上依次佩戴缁布冠、皮弁和爵弁三种头冠，称为"三加"，表示男子成年后可尊古行礼，可获得兵权，可获得祭祀的权力。因而春秋时代的"冠"并不是头上的帽子，而是代表着贵族阶层的身份，是一种礼制和荣誉的象征。

孔子所处的时代，是春秋末期，周室衰微，礼崩乐坏，孔子作为周礼的继承者和传播者，想通过自己的言传身教，将周礼传授给弟子，礼也是六艺的重要内容。子路是跟随孔子多年的儒者，是孔子的得意弟子，对于礼的理解和贯彻超过普通人。因而即便面对死亡，子路也先要正冠，以避免亵渎自己的信仰。

在《史记》《论语》中记录了不少孔子与子路的问答，子路每次给出的答案，能令孔子满意的不多，但是子路临死之前那一句"君子死，不免冠"，则是一个儒者用生命给出的响亮回答。孔子不想要弟子这样的结局，也不想要这样的回答，但这个回答却在史书上为儒者写下了最醒目的注脚。

原文选读

《史记·仲尼弟子列传》选段

子路性鄙①，好勇力，志伉直②，冠雄鸡③，佩豭豚④，陵暴⑤孔子。孔子设礼稍诱子路，子路后儒服委质⑥，因⑦门人请为弟子。

注解

①鄙：粗鄙，粗犷。②伉直：刚强耿直。③冠雄鸡：头戴公鸡的羽毛。④佩豭豚：佩戴公猪形状的饰物。⑤陵暴：欺负，轻侮。⑥委质：送上礼物。⑦因：通过。

23. 颜回及其他——载入史册的孔门弟子

　　孔子自称跟着他学习而精通六艺的人有七十七人，他从四个方面（"四科"）列举了其中出类拔萃的十名学生，后世称之为"孔门十哲"。除了之前介绍的子贡和子路，在《史记》《仲尼弟子列传》一篇中还列举了很多弟子的名字和言行。

孔子最欣赏的弟子——颜回

　　颜回，字子渊，鲁国人，小孔子三十岁。颜回是孔子最欣赏的弟子，孔子对他总是不吝溢美之词，最知名的赞词是"贤哉回也！一箪食，一瓢饮，在陋巷，人不堪其忧，回也不改其乐"。可见，颜回很贫穷，但他安贫乐道，并不怨天尤人。颜回被列为"德行"方面的优秀弟子，但他很年轻时就死了，死后家里连棺木都买不起，孔子对颜回的早逝始终不能释怀，当被人问起学生中谁最好学时，孔子非常难过地回答说是颜回，他好学又谦虚，可惜早死了，再也没有像他那样优秀的人了。

　　《史记》中关于颜回言行的记录，并没有子贡和子路那么丰富，但通过《孔子世家》中记述的一次师徒之间的问答，就可以看出谁是孔子心目中最欣赏的学生了。当时是孔子周游列国的后期，师徒一行被围困在陈、蔡之间，经历了那么多挫折仍看不到希望，弟子们情绪都很低落。于是孔子找了几个弟子谈心，他先叫来子路，问他："《诗》中说'既非野牛又非虎，穿行旷野不停步'，难道是我们的道义错了吗，为什么被围困在此呢？（《诗》云'匪兕匪虎，率彼旷野。'吾道非邪？吾何为于此？）"子路回答可能因为我们的仁德和智慧还不够，孔子不同意他的观点；接下来，孔子用同样的问题问子贡，子贡回答大概是老师讲的道义太宏大，天下容不下，老师可以把自己讲的道义降低一些，孔子觉得子贡降低自己以求适应他人，志向不够大；最后，颜回来回答这个问题，颜回也认为是老师讲的道义太宏大以致天下无人能容，但他觉得不必在意别人是否容得下，而应该专心研究修行自己坚持的道义，道义没研究修行好，那是我们的错，但有了道义天下诸侯却无人能容，那是诸侯们的错，他们不能容与我们无关，反而证明我们才是恪守道义的君子，孔子听了非常高兴地说："哎呀，颜家的好小子，如果你多有钱财，我愿做你的家宰！"

"孔门十哲"中的弟子

孔子从"德行""政事""言事""文学"四个方面评价弟子中的佼佼者，后世称之为"孔门十哲"。"德行"中有四位，除了颜回外，还有闵子骞、冉伯牛和仲弓。闵损（字子骞），孔子认为他很有孝心；冉耕（字伯牛），他不幸生了恶病，孔子悲叹道，这么好的人居然生了这样的病，这是命啊；冉雍（字仲弓），孔子认为他能胜任卿大夫的工作，独当一面，孔子还把他比作茁壮成长、未来可期的牛犊。

"政事"方面的优秀学生是冉有和子路，他们擅长行政事务。冉求（字子有），后来做了鲁国季康子的家宰，根据《孔子世家》的描述，正因为他的缘故，鲁国才邀请孔子回国。"政事"方面的这两位高足，有一天先后请教了孔子同一个问题："听到之后是不是马上行动？"孔子对冉求说："是的，马上行动。"冉求走后，子路又来问这个问题，孔子回答："有父兄在，怎么可以一听就行动呢？"另一个学生子华正巧在场，他目睹了师傅先后不同的回答，非常诧异，孔子对他说："冉求做事畏缩不前，所以我要鼓励他；子路做事争强好胜，所以我要压制他。"由此可见孔子因材施教，不拘一格的教育方法。

"言事"也就是善于言辞的人才，有宰予和子贡。宰予（字子我）似乎并不是孔子很喜欢的学生，他曾经对守丧三年表示异议，因而被孔子称为"不仁"，又因为被孔子看到在白天睡觉，而斥之为"朽木不可雕也，粪土之墙不可圬（抹墙）也"，意思是说宰予根本不是一个值得教导的可造之材。更有一次宰予向老师请教"五帝之德"的问题，孔子回答："你不是问这种问题的人（'予非其人也'）。"简直就像在骂"你不配问"。后来，孔子曾反思自己对宰予的看法，感叹自己错怪了宰予。

"文学"方面，也就是擅长文献典籍研究的，有言偃和卜商。言偃（字子游），孔子认为他熟悉典籍文献，后来子游做了武城的地方官。卜商（字子夏），孔子曾教导他"汝为君子儒，无为小人儒"。孔子死后，子夏曾在魏国的西河讲学，做了魏文侯的老师。

《史记》中记述的其他弟子

除了以上"孔门十哲"之外，孔子还有许多有才干的学生。司马迁根据《论语》的记载，从中挑选了一些人的事迹记录在《仲尼弟子列传》中，一起来了解其中的几位。

曾参，也就是曾子，孔子认为他通孝道，于是就给他授学，曾参后来学有所成写了《孝经》。

澹台灭明，字子羽，他的相貌非常丑陋，孔子认为他并非可造之材。但澹台灭明学成回去之后，自己又发奋研学，他处事公正，享有美名，后来去南方游历时他的弟子多达300人。孔子知道后，不禁感叹道："吾以言取人，失之宰予；以貌取人，失之子羽。"意思是说，自己因为言语方面的偏见，对宰予判断有误；而因为相貌方面的偏见，对澹台灭明判断有误。

原宪，字子思，孔子死后子思没有去做官，而是在荒野隐居了起来。公冶长，字子长，孔子认为他是值得托付女儿给他的人，虽然公冶长曾被官府关押，但孔子认为这并不是他的错，后来孔子真的把自己的女儿嫁给了他。

孔子的弟子中，后世知道姓名的还有不少，对他们每一个人的记录或多或少，或褒或贬，司马迁认为后世的记录不一定准确，但我们从中可以知道孔子的众多学生各有特点，而且他们大都继承了孔子的遗志，以传道授学为己任，发挥了儒者的作用，展现了儒家的风范。

🎯 文化常识

君子——何谓君子，何谓小人？

孔子曾对他的一位学生子夏说："汝为君子儒，无为小人儒。"围绕这句话中"君子儒""小人儒"的具体含义，后世文人学者也做了很多的研究和不同的解读，我们一起先来了解一下"君子""小人"的定义。

在孔子之前的年代，"君子""小人"这一对概念比较简单，仅是针对身份地位而言的。"君子"即"君"的后裔，是地位较高的宗室贵族，而与"君子"区别的庶民，也就是平民百姓，就被称为"小人"。这时候的"君子""小人"并没有道德成分在其中，如《左传》中"君子劳心，小人劳力"，这是客观陈述了不同地位的人的职责。

而从孔子开始，儒家重新定义了"君子""小人"这对概念。在记述孔子及其弟子言论的《论语》中，大量出现涉及"君子""小人"的评价和讨论，比如"君子喻于义，小人喻于利""君子和而不同，小人同而不和"……在这些句子中，"君子"和"小人"都带有道德上的评定，褒贬一目了然，不再只是针对人的社会地位了。在《史记》中也编入了孔子和弟子关于君子的言论，比如孔子回答子路"君子固穷，小人穷斯滥矣"，颜回回答孔子的"不容何病，不容然后见君子"，这些语句中的"君子"都是儒家语境下的君子，都是孔子所推崇的那种具备了"仁智勇"的完美人格，所谓

"君子道者三……仁者不忧，知者不惑，勇者不惧"。

回到本文中提到的子夏，他后来做了魏文侯的老师，开创了"西河学派"，成为战国初期魏国强盛的重要原因之一。子夏无疑是孔子学生中将老师的学问发扬光大的著名弟子，但是他所传授的究竟是不是孔子叮嘱的"君子儒"，也许大家可以通过更多的阅读和研究，获得自己的解读吧。

原文选读

《史记·仲尼弟子列传》选段

曾蒧字皙。侍孔子，孔子曰："言尔志①。"蒧曰："春服既成，冠者②五六人，童子③六七人，浴乎沂④，风乎舞雩⑤，咏而归。"孔子喟尔⑥叹曰："吾与⑦蒧也！"

注解

① 言尔志：说说你的志向。② 冠者：成年人（古人成年后行冠礼）。③ 童子：小孩子，未成年人。④ 沂：沂水（河名）。⑤ 舞雩：指舞雩台，是鲁国用于求雨的祭台。⑥ 喟尔：感叹的样子。⑦ 与：同意，赞同，与……一样。

晋国赵氏

篇

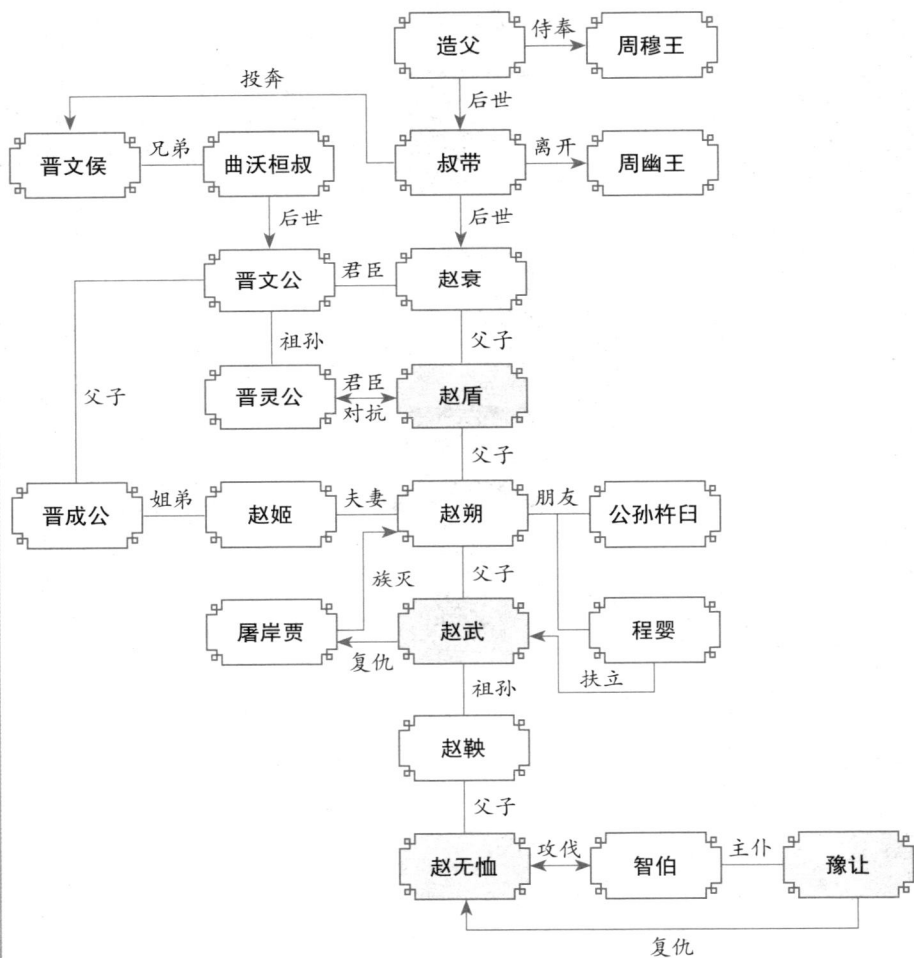

造父 ──侍奉──▶ 周穆王

造父 ──后世──▼

晋文侯 ◀──投奔──

晋文侯 ──兄弟── 曲沃桓叔

曲沃桓叔 ──后世──▼ 晋文公

叔带 ──离开──▶ 周幽王

叔带 ──后世──▼ 赵衰

晋文公 ──君臣── 赵衰

晋文公 ──祖孙──▼ 晋灵公

赵衰 ──父子──▼ 赵盾

晋灵公 ──君臣/对抗── 赵盾

晋成公 ──父子── 晋文公

赵盾 ──父子──▼ 赵朔

晋成公 ──姐弟── 赵姬 ──夫妻── 赵朔 ──朋友── 公孙杵臼

赵朔 ──父子──▼ 赵武

屠岸贾 ◀──族灭── 赵朔

赵武 ──复仇──▶ 屠岸贾

程婴 ──扶立──▶ 赵武

赵武 ──祖孙──▼ 赵鞅

赵鞅 ──父子──▼ 赵无恤

赵无恤 ◀──攻伐──▶ 智伯 ──主仆── 豫让

豫让 ──复仇──▶ 赵无恤

24. 赵盾——独掌权柄的先声

晋国是春秋时代的强大诸侯，长期称霸中原，晋国的灭亡并非来自外部力量，而是被其国内最强大的家族瓜分。赵、韩、魏"三家分晋"这一历史事件成为"春秋"过渡到"战国"的标志性事件之一。《史记》对三家中的"赵氏"记载尤为详细，以下一起通过几位赵氏人物，看一看从赵氏崛起到"三家分晋"这一过程中的精彩故事。

通过之前的故事，我们知道在晋文公的陪臣中，有一位重要人物赵衰，三家中的"赵氏"正是发迹于赵衰。而赵衰的儿子赵盾，则开了卿大夫专权的先河，为"分晋"埋下了伏笔。

赵盾继位

赵氏先祖造父，擅长驾驭马车，他为天子驾车立下战功，周穆王将赵城分封给他，从此以赵为氏。赵氏传到叔带时，他见周幽王昏庸，就离开周室投奔了晋侯，从此赵氏就留在晋国。赵衰是叔带的第七代子孙。

当初赵衰跟随重耳逃到狄，在当地娶了一位狄女，并生

165

下一子，即赵盾。后来赵衰又随重耳继续逃亡，赵盾母子留在了狄。

重耳流亡19年后成为晋文公，赵衰也成了晋卿，他又娶了一位夫人赵姬，赵姬为他生下了赵括、赵同和赵婴齐三个儿子。周代奉行"嫡长子继承制"，正妻生的长子可以继承父亲的爵位成为家族的领袖。但赵姬并没有贪权，而是让赵衰从狄接回原先的夫人和长子赵盾，让赵盾成为继承人，而让自己的儿子们尊赵盾为家主。

晋文公在位的第九年去世，儿子晋襄公继位。六年后，赵衰去世，赵盾继承爵位并逐渐执掌晋国国政。

赵盾立君

赵盾执政第二年，晋襄公就去世了，此时太子夷皋年幼，赵盾认为正处在多事之秋，国君幼小对晋不利，于是他想改立襄公的弟弟公子雍为国君。此时公子雍在秦国，他得到邀请后，由秦军护送着赶回国继位。

没料到太子夷皋的母亲对自己儿子被废非常不满，天天抱着夷皋去朝中哭诉，甚至去赵盾家里边磕头边哭诉，谴责赵盾违背先君嘱托抛弃了太子。赵盾和其他晋臣被她日夜纠缠，生怕引出乱子，最后妥协了，他们拥立夷皋为国君，即晋灵公。

但这时候秦军即将护送公子雍抵达晋国，国无二主，现在既然已经有了新的国君，那必须得把公子雍赶走。人是赵盾他们请来的，现在却又不得不赶他走。解铃还须系铃人，赵盾亲自率军前去阻击，在令狐这个地方打败了秦军，公子雍被赶回了秦国。从此以后，秦晋关系逐渐恶化，经常爆发冲突，不过晋常占上风，其中赵盾有一位族弟赵穿屡立战功。

晋灵公年幼，赵盾对内执政尽忠职守，对外作战屡获胜利，晋国甚至还帮助周室平定了内乱。在此期间，晋国在诸侯中仍最具实力，维护了自晋文公以来的天下霸主的威望。

桑下饿人

晋灵公渐渐长大成人，逐渐显露出荒唐奢侈的做派，劳民伤财建造宫室不说，还喜欢站在高台上用弹丸射人，看到人们狼狈躲避，他就高兴得哈哈大笑。这天，因为厨师没把熊掌煮烂，不合灵公的口味，他居然下令把厨师杀了，让宫女用竹筐把死人运出去。不巧竹筐外露着一只手，经过朝堂时被大臣们看出了蹊跷。君侯如此滥杀无辜，臣子们纷纷前去进谏。

臣子们的进谏，灵公一概不听，但他最顾忌赵盾，赵盾权力最大，灵公从小到大也都被赵盾管束着。如今灵公长大了，想成为真正拥有权力的君侯，他要清除赵盾这个障碍，但是他派出去的杀手没有完成任务。

过了一段时间，灵公亲自设宴邀请赵盾，暗中埋伏了甲士。席间有一个叫示眯明的厨师偷偷提醒赵盾，别喝醉，有危险。赵盾警觉起来，酒宴还没结束他就匆忙离开。灵公一见赵盾要走，来不及命令甲士刺杀，就把一条恶狗放出来追咬赵盾。这时，示眯明及时出现在赵盾身前，挡住了恶狗和闻讯赶来的甲士。示眯明成功掩护赵盾脱身，赵盾不认得示眯明，慌乱中问他为什么救自己，示眯明回答："我是你当年救济过的桑下饿人。"

原来，几年前赵盾打猎时曾遇到一个快饿死的人躺在桑树下，赵盾好心给他饭食，那人舍不得吃完，说要留给家中的老母，赵盾被他孝心感动，又给了他很多食物让他带回去。这个快饿死的人就是示眯明，他后来做了灵公的厨师，这次赵盾身处险境，示眯明拼死相救，报了当年的一饭之恩。

赵盾弑君

赵盾为了躲避灵公的追杀，准备逃出晋国，但刚到国境，就传来晋灵公被赵穿杀死的消息。作为赵氏族人，赵穿早就对晋灵公怀有恨意：灵公总想着害赵盾，赵盾一死，赵氏就危险了。于是赵穿在一个桃园里把晋灵公弑杀了。晋灵公本不得人心，人们迎回赵盾让他继续主政。赵盾拥立了晋襄公的弟弟黑臀为国君，这就是晋成公。

晋国的太史官名叫董狐，灵公被弑杀后，董狐在史册上记录下"赵盾弑其君"。赵盾知道后为自己喊冤说："这件大逆不道的事情不是我做的，是赵穿弑君，我没有罪，你不能这样记录。"董狐回答："你是晋国主政的正卿，你虽说逃亡却没有离开过晋国，君侯被弑后，你回来却没有将凶手捉拿问罪，弑君者除了你这个当家主政的人，还能是谁?"赵盾听了后，放弃辩驳了。后来孔子评论这件事时，对董狐和赵盾都给予了肯定，认为他们都做好了自己的本职。晋成公死后他的儿子继位，也就是晋景公。赵盾在晋景公时去世，他的儿子赵朔继承了爵位。

✦ 文化常识

六卿——瓜分主人家的"管家"们

"三军六卿"是晋文公在位时设立的。晋文公将晋国的军队分为上、中、下三军，每一军各有将、佐一人，将是军中主帅，佐是辅帅，所以三军共有将佐六人，此六人即称为"六卿"。三军又以中军为最尊，以中军将为"正卿"，是指挥全军的第一统帅。一段时间后六卿会更替人选，后来逐渐采用世袭制，所以慢慢就由先氏、狐氏、赵氏、栾氏等十一个世家贵族所把持，这些世家的子弟辅佐晋君，出将入相，掌握着晋国的军政大事。

晋文公第一次设立六卿时，当年跟随他的臣子都在世，有资格胜任六卿的人很多，但赵衰连番辞让没有担任，反而推荐别人，后来上军将狐毛死后，他才替补进入六卿行列。可见赵衰虽然才能出众但为人低调谦和，因而人们都称他为"冬日之日"，也就是冬日里温暖的阳光，借以赞扬赵衰为人温和，人们喜欢亲近他。

赵盾也具有父亲的才能，是内政外交中叱咤风云的人物，但他不仅担任中军将掌管军事，同时还是主政大夫掌管国政，是第一位独掌军、政两方面大权的晋卿，这在之前的六卿中从来没有出现过。赵盾对内废立晋君，对外会盟诸侯，虽维护了晋国霸主地位，但作为人臣未免有些张扬高调。因而人们称赵盾为"夏日之日"，也就是夏天猛烈的阳光，暗示赵盾为人严厉，人们往往避开他。

晋国六卿在晋文公、晋襄公时代都是辅助君主的栋梁，但慢慢地他们为了夺权吞地，不断削弱国君的权力，同时互相之间也不断地明争暗斗。到了晋平公时发生了"栾氏之乱"，栾氏被消灭后，原先最有权力的十一个家族就只剩下智氏、范氏、中行氏、韩氏、魏氏和赵氏这"六卿"了。不久之后，范氏、中行氏又被消灭，他们的领地被剩下的四家瓜分，四家中的智氏又很快被其余三家攻灭，最终六卿中剩下赵、韩、魏三家，他们后来都被周天子封为诸侯，彻底瓜分了晋。

晋文公设立六卿，是为了让他们辅助晋侯管理好国家，他们就像晋室的"管家"，不曾想到，这些"管家"最后会将主人赶走，将主人的家占为己有。六卿对于晋室是如此，那么作为诸侯的晋对于周天子不也是如此吗？

原文选读

《史记·晋世家》选段

初，盾常①田②首山，见桑下有饿③人。饿人，示眯明也。盾与之食，食其半。问其故，曰："宦④三年，未知母之存不⑤，愿遗⑥母。"盾义⑦之，益⑧与之饭肉。已而为晋宰夫⑨，赵盾弗复知也。

🔶 **注解**

　　① 常：同"尝"，曾经。② 田：打猎。③ 饿人：饥饿的人。
④ 宦：此处指在外做奴仆。⑤ 不：通"否"，是不是。⑥ 遗：送给。
⑦ 义：把……看作义。⑧ 益：更多。⑨ 宰夫：此指厨师。

25. 赵武——存续家族的血脉

赵武是赵朔的儿子，也就是赵盾的孙子。赵朔辅佐晋景公时屡建大功，加上赵盾的兄弟赵括、赵同、赵婴齐等都是朝中重臣，因而赵氏依然是晋国数一数二的贵族。然而在这繁荣的表面之下，反对赵氏的力量却正在不断地积聚。

下宫之难

当初晋灵公在位时，宠信一个叫屠岸贾的大臣。到了晋景公时，屠岸贾担任司寇一职，渐渐掌握了大权。晋灵公当年被赵穿弑杀，屠岸贾一直对这件事耿耿于怀，他心里认定幕后的主谋就是赵盾。现在屠岸贾大权在握，感觉报仇的时机成熟了。他逐一找来朝中的心腹将领，对他们说："当年晋灵公被弑，赵盾虽然在外，但这是个幌子，他就是罪魁祸首，臣子弑君是头等大罪，现在赵盾虽然死了，但他的兄弟儿子都在朝中身居高位，如果这样的乱臣贼子都得不到惩罚，那我们还怎么治理晋国，让我们一起去诛灭赵氏！"

有一位叫韩厥的大臣，是赵朔的好友，他听了屠岸贾的说辞后反驳道："大人说的不对，当年灵公被弑时，赵盾正在逃亡中，他并不知情，先君晋成公也早就下过定论，说赵盾无罪，你如果瞒着国君，擅自诛杀赵氏就是作乱。"韩厥又赶紧找到赵朔，告诉他屠岸贾正阴谋诛杀赵氏，劝他尽快逃走。赵朔似乎并不认为屠岸贾敢这么做，所以他不怕也不想逃走，他感谢韩厥说："万一真发生你说的事情，拜托你别让我们赵氏绝祀啊，这样我也就死而无憾了。"韩厥答应了，但他担心即将发生的变乱，回家后就称病不出门了。

没过多久，屠岸贾真的动手了，虽然没有获得国君的许可，他仍私自集结几家卿族的军队，对赵氏发动了突然的袭击。他们攻进了赵氏的府邸——下宫，对在那里的所有人都展开了疯狂的屠杀，赵朔、赵同、赵括、赵婴齐等人，连同赵氏家族的男女老幼、门客仆人等全部被杀害，赵氏在"下宫之难"中几乎被灭族。

赵氏孤儿

赵朔的妻子是先君晋成公的姐姐，她肚子里已经怀了赵朔的孩子，因为她是晋室宗亲，所以侥幸逃出后躲进了国君的宫里。不久之后，她为赵朔生下了一个儿子，屠岸贾闻讯后马上派士兵闯入宫内，想要搜出这个孩子，斩草除根。事发突然，赵朔的妻子急中生智，将孩子放在自己的裤腿里，用下裳掩着，心里默默地祈祷说："孩子啊，如果上天要让赵氏灭绝，你就哭吧；如果上天还要让赵氏留存下去，你可千万别出声啊。"这孩子居然真的一点声音都没发出来，士兵们里里外外搜了个遍，无功而返。

　　赵朔有位幸存的门客名叫公孙杵臼，他找到了赵朔的好友程婴。他俩得知赵朔的遗腹子在宫内，都又惊又喜，但他们担心屠岸贾不会死心，孩子留在宫中总有一天会被抓到。怎样拯救赵氏这唯一的血脉呢？留给他们的时间非常紧迫，于是公孙杵臼问程婴："大人觉得赴死容易，还是扶立赵氏孤儿容易？"程婴回答："赴死容易，扶立孤儿难！"公孙杵臼立刻说："那好，您以前深受赵氏的厚待，请您受累承担难的那件事，我就去做简单的事情吧！请让我赴死！"

　　两人想办法得到一个别人家的婴儿，裹上绣花的襁褓，躲进深山里。不久，程婴找到屠岸贾手下的将军们说："我程婴无能，实在没办法抚养赵家的孤儿了，谁如果能给我千金，我就说出赵氏孤儿的下落。"将军们一口答应，并即刻跟随程婴包围了公孙杵臼和婴儿的藏身处。公孙杵臼被抓住后冲程婴大骂道："程婴你这个小人，当初赵氏遭难时你没死，后来说好了一起扶立赵氏孤儿为赵氏报仇，现在你居然又出卖他。"他又转而乞求将军们："苍天哪，赵家这个小娃娃有什么罪过啊，你们放过他吧，杀了我公孙杵臼就可以了。"将军们哪里肯答应他，立刻将婴儿和公孙杵臼全部杀死。屠岸贾得到报告后，以为终于将赵氏斩草除根了，倍感欣慰。然而，真正的赵氏孤儿仍然活着，程婴后来带着孩子隐匿在深山中。

程婴赴死

　　十五年过去了，这一年晋景公患了重病，对病因占卜的结果显示，是由于晋国有个大家族的祭祀被断绝了，要治好景公的病，就必须设法让这个家族延续下去。这时，韩厥知道赵氏孤儿仍活在世上，觉得这是个帮助赵氏的好机会。于是，韩厥进谏景公说："被断祀的大家族恐怕是赵氏吧，他们自从先祖叔带来到晋国后，后代子孙为晋侯建功立业，赵氏从未断过家族的祭祀，但是当年下宫之难时，赵氏惨遭灭门，祭祀也中断了，所以死去的赵氏先祖才会作祟吧。"景公连忙问："那赵氏还有后人能延续祭祀么？"韩厥回答："有！"接着，他将赵氏孤儿的秘密和盘托出，晋景公听了决定扶立赵氏孤儿，恢复赵氏的卿位。

赵氏孤儿此时已是少年，名叫赵武。晋景公秘密召见了赵武，将他安顿在宫中，随后通过韩厥的安排，利用将军们进宫探病的时机，让赵武与他们逐一见面。将军们被质问当年为何对赵氏痛下杀手，他们纷纷怪罪屠岸贾假传君命，如今他们见到赵武，知道真相后都追悔莫及。于是晋景公让赵武、程婴逐一拜谢众将。之后，各家军队受命攻灭了屠岸贾一门，赵武重新得到了赵氏的爵位和封地，赵氏家族的祭祀得以延续。

转眼，赵武二十岁加冠成年了，程婴向他辞别。程婴对赵武说："当年赵氏遭遇下宫之难，我本应该为主殉难，但我要扶立赵氏的后人，所以苟活了下来，现在你已经长大成人，我的任务就完成了，我要下黄泉告诉赵氏先人和公孙杵臼。"赵武流着泪叩首："您千辛万苦把我养大，我要一辈子陪着您报答您，您怎么可以离开我啊？"程婴说："我必须这么做，当初公孙杵臼是觉得我可以把这件事办成，所以从容赴死的，如果我不去告诉他，他还以为我还没有把事情办妥啊。"程婴终究还是自杀了，赵武为他整整服丧三年。赵武去世之后，赵氏后人仍然每年祭祀程婴，他们牢记着赵氏孤儿的救命恩人，传颂着程婴和公孙杵臼的忠肝义胆。

文化常识

赵氏孤儿——历史还是传说？

　　《史记》中记载的历史都是真实的吗？历代的文人学者产生了不少争论，在《赵世家》中记载的"赵氏孤儿"故事，也有很多人认为并非是历史的真相，比如《史记》的《晋世家》中关于赵氏被族灭的记载就与之不同。在《晋世家》中只记载了晋景公十七年，"诛赵同、赵括，族灭之"，不久景公又听从韩厥的进谏，立了赵氏庶子赵武为赵氏继承人，没有交代赵朔、赵婴齐，更没有说是十五年后赵武才继位。显然，司马迁在不同篇目中记述的赵氏的历史有点自相矛盾。据研究，《晋世家》中的记载与《左传》中的记录更加匹配，而两者都没有"赵氏孤儿"的情节。

　　作为一部史书，记载的却可能不是史实，为什么会产生这样的问题呢？我们在看待《史记》这一部著作时，应该首先厘清一个史实：《史记》是司马迁"编著"而不是"著"。《史记》中大量的内容是司马迁从其他资料中选录的，并不完全是他自己创作的，而他编录的对象包括汉代王宫内的藏书，民间收集到的书籍，当时（汉武帝时期）存世的其他一些资料信息，以及太史公自己多次游历时的所见所闻。因而，太史公当时编著《史记》时，他能收集到的资料，和我们现在不同，同时他选录资料的标准，我们也只能从他的文字中揣测。比如《管晏列传》中的"晏婴"传记部分。司马迁在文末注明，因为《晏子春秋》记载了非常翔实的晏婴的言论和事迹，所以他只在此记载《晏子春秋》里没有收录的几件事作为补充。

由此，我们或许可以揣测，司马迁编著《史记》时，参考了《左传》等我们目前仍现存的史料，也参考了其他现在已经亡佚的史书，根据他的选录眼光，他选择把"赵氏孤儿"这一事件载入《赵世家》，同时也把他看到的另一种记录载入《晋世家》中，这样虽然同一书中存留了两种说法，产生了矛盾，但并没有进行片面地删改，这或许也是史家的一种态度吧。

无论是不是史实，"赵氏孤儿"这个令人震撼的故事，因为《史记》流传了下来，这才有了后世的元代杂剧、京剧以及我们现在各类文艺作品中的改编，而公孙杵臼、程婴的忠肝义胆和浩然正气，也毫无疑问成了我们民族特质中非常重要的一部分。

原文选读

《史记·赵世家》选段

程婴谓公孙杵臼曰："今一索①不得，后必且复索之，奈何？"公孙杵臼曰："立孤②与死孰难③？"程婴曰："死易，立孤难耳。"公孙杵臼曰："赵氏先君遇子厚④，子强⑤为其难者，吾为其易者，请⑥先死。"乃二人谋取他人婴儿负⑦之，衣以文葆^⑧，匿山中。

注解

①索：索求，索要。②立孤：扶立孤儿。③孰难：哪一个更困难。④厚：厚待。⑤强：勉强。⑥请：请允许我。⑦负：背负，背着。⑧文葆：绣花襁褓，绣着纹饰的襁褓。

26. 赵无恤——奠定大业的基石

赵武继位后，赵氏复兴，他的孙子是赵鞅（谥号为赵简子），赵鞅的儿子是赵无恤（亦作"赵毋恤"，谥号为赵襄子），父子两代都是英明的赵氏宗主，被后世称为"简襄之烈"。赵简子为赵氏积累了雄厚的实力，而赵襄子则讨灭了智氏，完成了"三家分智"，他在《史记》里的记述也很生动详细。

想不到的继承人

赵鞅独揽晋国朝政，权倾一时。然而赵鞅也有一件忧虑的事：找不到理想的接班人。他担心自己死后，如果没有合适的人领导赵氏，赵氏又将盛极而衰。

这一天，赵鞅请来了姑布子卿，这是一位闻名天下的擅长相面的奇士。赵鞅把儿子们全都叫了过来，让姑布子卿一一给他们相面，看看哪一个最有可能担当重任。姑布子卿把公子们逐一看过后，摇了摇头对赵鞅说："看不出有哪一位能担负您那样的重任啊！"赵鞅叹息说："唉，先生这么说，看来我赵氏注定要灭亡了。"看着赵鞅失望的样子，姑布子卿忽然想起了什么，他问道："大人您的儿子真的都来了吗？刚才我进府上时，遇到一位公子，看他样子应该也是您的儿子吧。"赵鞅马上知道姑布子卿说的是谁了，他吩咐属下道："快去，把无恤叫来。"

赵无恤是赵鞅的一名庶子，他的母亲地位低下，是狄族的婢女，所以挑选继承人这种事，赵鞅几乎就没考虑过这个儿子。赵无恤被引入，姑布子卿仔细看了看，对赵鞅说："这才是真正能担当重任的人啊！"赵鞅吃惊地说："这孩子的母亲身份低贱，他以后怎么可能变得尊贵呢？"姑布子卿回答："天命如此，虽贱必贵。"

这之后，赵鞅有意经常与儿子们交流，观察他们的表现，他发现赵无恤确实才能出众。有一回，赵鞅对儿子们说："我把一个宝符藏在常山上，你们都去找找，先找到的有赏。"儿子们争先恐后地赶去常山，找了半天却都空手而归。只有赵无恤回报："我找到宝符了！"赵鞅问他："你说说看宝符在哪儿。"无恤回答："我站在常山上看到了旁边的代国，代国就是我们赵氏必须夺取的宝符。"无恤的回答就是赵鞅想要的答案，赵鞅终于确信赵无恤就是自己的接班人。不久，公子伯鲁被废黜继承人之位，而原先被轻视的庶子赵无恤，被确立为赵鞅的继承人。

不可思议的逆转

赵盾主政晋国时，主导设立了公族大夫，国家的权力越来越集中到"六卿"的手里，晋侯渐渐被他们所左右。赵鞅主政时的"六卿"指的是智、赵、韩、魏、范、中行六家，不过"六卿"之间的矛盾也日益突出。后来智、赵、韩、魏四家攻灭了范、中行两家，他们的土地被瓜分，而智氏获得了最大的利益，成为当时最强的卿族，他们的领导人是智伯。此时，赵鞅已经死了，赵无恤继承了爵位。

赵鞅病重时，赵无恤曾跟随智伯讨伐郑国，智伯性格傲慢，看不起庶出的赵无恤。一次酒醉之后，智伯强行给赵无恤灌酒，还借着酒劲打了他，完全不顾及赵无恤作为赵氏继承人的面子。赵无恤为了顾全大局，忍了下来。不料回去之后，智伯又对赵鞅说无恤的坏话，劝他废了无恤的继承人之位，赵无恤对智伯更加恨之入骨。

赵鞅死后，智伯独揽朝政，随意废立国君，渐渐起了独占晋国的野心。他蛮横地要求赵、韩、魏三家各献出一部分土地，韩、魏两家不敢违抗智伯的命令，但赵无恤坚决不答应。智伯趁机率领韩、魏两家讨伐赵氏，赵无恤退守到赵氏的根据地——晋阳。三家率军围攻晋阳一年多，还是没能攻下。最后智伯下令将晋阳旁边的汾河掘开，用河水灌城。很快晋阳城内的军民都到了崩溃的边缘，赵氏命悬一线，到了生死存亡的时刻。

沧海横流，赵襄子却临危不乱，他审时度势，想出了一个大胆的主意。他派出一位得力的家臣，趁着夜色偷偷进入韩、魏两家的军营，游说韩、魏两家的宗主说，智伯野心很大，如果赵氏被灭，接下来就轮到韩、魏两家了，三家只有联合起来共同对付智伯，才能一起保存下来。韩、魏两家原本就对智伯心怀不满，更害怕被智伯逐一吞并，纷纷同意与赵氏联手。后来韩、魏两家果然临阵倒戈，与赵氏里应外合攻灭了智氏，杀死了智伯，并将智氏的土地瓜分。赵无恤凭借卓绝的领导力和胆识，完成了不可思议的大逆转，创造了决定性的"三家分智"的壮举。

没料到的遗言

早在赵无恤即位之初，他就用计杀死了代国的国君，将代国土地占为己有，实现了父亲赵鞅想要吞并代地、壮大赵氏的梦想。赵无恤得到代地以后，就把代地封给原先的赵氏继承人——公子伯鲁，但此时伯鲁已经去世了，于是赵无恤就把代地分给了伯鲁的儿子赵周，赵周就是代成君。

赵无恤主导完成了"三家分智"之后，已经奠定了赵氏立国的基础。现在，他也和父亲当年一样，要考虑继承人的人选，为赵氏物色一位合适的领导者。但是，赵无恤不打算从自己的五个儿子中挑选继承人，他要把赵氏的卿位还给伯鲁的后人。赵无恤凭借才能取代了伯鲁，完成了父亲的重托，但他从赵氏的稳定和长远利益考虑，认为由伯鲁的后人继承他的爵位更加适合。这时，伯鲁的儿子代成君已经去世，于是无恤就将代成君的儿子赵浣立为太子。赵无恤既能够挑起重担，完成父亲的使命，又能够放下权力，将家族的利益置于个人之上，他确实是一位德才兼备的卓越人物。

赵无恤执政三十三年后去世，谥号赵襄子，赵浣继位，即赵献侯。赵献侯去世后，他的儿子赵烈侯继位，赵烈侯时赵、韩、魏三家被周天子正式封为诸侯。最终，三家废黜了晋君，彻底瓜分了晋。从此，晋这个曾经睥睨天下的春秋霸主再也不存在了，取而代之的是赵、韩、魏三个强大的诸侯，在接下来的战国时代叱咤风云。

🌑 **文化常识**

嫡庶——为什么做哥哥的不一定继承王位？

本篇中的赵无恤是"庶子"，在之前宋襄公的故事中也提到，虽然目夷是宋襄公的兄长，但因为他只是宋桓公的庶子，所以继承君位的是宋襄公而不是他，因为宋襄公才是嫡长子。那么"嫡子""庶子"究竟是什么意思呢？我们一起来了解下周代的"嫡长子继承制"。

春秋时代的贵族婚姻采用一夫多妻制，但正妻只有一位，一般是与丈夫家境相当的贵族女性，且要进行正式的婚嫁仪式。除了正妻以外其余的配偶，对他们的出身地位和婚配仪式大多没有严格的要求，这些配偶也会因地位不同，而有不同的名分称呼。正妻所生的儿子称为"嫡子"，嫡子有权继承父亲的爵位及财产，如果嫡子众多，那么嫡子中最年长的儿子——嫡长子，具备继承父亲爵位（或王位）以及主要财产的优先权；正妻之外的配偶所生的儿子称为"庶子"或"别子"，庶子在某些情况下也可以得到一些头衔或财产，但无论他是否比嫡子年纪大，无论他是否比嫡子有才能，都不具有继承父亲爵位和财产的优先权，"立嫡以长不以贤，立子以贵不以长"是"嫡长子继承制"的原则。所以在周代，权力在一个人出生时就已确定，"嫡长子继承制"是周代宗法制度的核心部分。

历史上也有不少庶子继承父爵成为家族首领的例子，比如本文中的赵无恤，他完全凭借自己的才能获得了父亲的青睐。另一方面，赵鞅敢于废嫡立庶，也证明他独具慧眼和魄力。更令人赞叹的是，赵无恤后来在确立自己的继承人时，出于对赵氏全体利益的考虑，竟将爵位又还给了废公子伯鲁的子孙，而没有传给自己的儿子。正是凭借赵鞅、赵无恤父子两代卓越的眼光、智慧和魄力，才使得赵氏在"简襄之烈"后不断强大，奠定了三家分晋的大局。

🌀 原文选读

《史记·赵世家》选段

异日①，姑布子卿见简子，简子遍召诸子相②之。子卿曰："无为③将军者。"简子曰："赵氏其灭乎④?"子卿曰："吾尝⑤见一子于路，殆⑥君之子也。"简子召子毋恤。毋恤至，则子卿起曰："此真将军矣!"简子曰："此其母贱，翟婢也，奚⑦道贵哉?"子卿曰："天所授，虽贱必贵。"自是⑧之后，简子尽召诸子与语⑨，毋恤最贤。

🌀 注解

①异日：隔了几日，过了几天。②相：使……相，这里指让姑布子卿给他们看面相。③为：成为。④赵氏其灭乎：赵氏难道要灭亡了吗? ⑤尝：曾经，前面。⑥殆：大概。⑦奚：同"奚"，怎么，如何。⑧自是：从此。⑨与语：同他们说话。

27. 豫让——为知己死的悲歌

在《史记·刺客列传》中有一位叫豫让的刺客，他的故事与赵氏有关，因为豫让要刺杀的对象正是赵襄子（即赵无恤）。他为什么要刺杀赵襄子呢？原来豫让正是赵襄子的老对手智伯的门客。

一刺赵襄子

当初赵襄子临阵策反了韩、魏两家，三家联手灭智，瓜分了智氏的领地。智伯死后，赵襄子为了解恨，命人用智伯的头骨做成了饮酒器皿。

豫让，是智伯生前最为信任的门客。智氏被三家攻灭后，豫让逃到了深山里，他对智伯的悲惨遭遇愤恨不平，发誓说："士为知己者死，女为悦己者容。智伯活着的时候那么信任厚待我，我一定拿命为他报仇，这样才对得起他的知遇之恩，自己也死而无憾了。"于是，豫让展开了行刺赵襄子的行动。

为了掩人耳目，豫让改名换姓，假装成受过刑罚的罪人，以此他得以混入赵氏宫中修整厕所。豫让身怀利刃，一边粉刷着厕所的墙壁，一边伺机刺杀赵襄子。赵襄子上厕所时，忽然心里一惊，预感到有危险，他立刻命令卫兵搜查厕所，士兵从豫让的身上搜出了利刃，获知了他的身份。豫让毫无惧色地说："我就是来为智伯报仇的！"赵襄子很佩服豫让，对属下说："智伯没有留下子孙，他的门客要为他复仇，难能可贵，这是个讲义气的壮士啊。放了他吧，我以后谨慎点防备他就是了。"赵襄子果真把豫让释放了。

二刺赵襄子

豫让并没有就此罢手，反而做了更精心也更决绝的准备。为了让别人完全认不出自己，他将全身涂满生漆，让皮肤全都溃烂，又吞下滚烫的烧炭，把嗓子彻底毁坏。拖着这样一副残躯，豫让徘徊在集市上行乞，熙熙攘攘的人群中没人认得他，就连他自己的妻子也没能认出他来。但是有一位朋友认出了豫让，吃惊地问他："天哪，你难道是豫让吗？"豫让只能承认。朋友流着泪说："你何苦这样残害自己的身体呢？凭借你的才能完全可以先去做赵襄子的属下，然后再伺机报仇啊。"豫让回答："如果我做了赵襄子的手下，那就应该尽忠职守，怎么能怀着二心杀害自己的主人呢？我现在这样做，虽然非常艰难，但可以给世人立个榜样，让那些心怀二心侍奉主子的人羞愧。"

这天，赵襄子坐着马车外出，豫让事先埋伏在襄子途经的一座桥下。但是，赵襄子的马一踏上那座桥就忽然受惊了，卫兵搜出了躲在桥下的可疑的乞丐，赵襄子在车上说："那人一定是豫让吧。"卫兵一问，果然是他。襄子下了马车，看着完全变了个样的豫让，叹息道："你当初不也曾为范氏、中行氏出力么？智伯灭了他们，你并没为主人报仇，反而成了智伯的门客。现在智伯死了，你却铁了心要杀我为他报仇，这究竟是为什么呢？"豫让长叹了一声，回答说："因为范氏、中行氏像普通人一样对待我，我就像普通人一样回报他们，但智伯却像国士一样厚待我，那我就要像国士一样回报他。"

击衣明大义

赵襄子听了豫让的话，非常感动，但他已经饶过豫让一回，这次再也不敢放豫让走了。他流着泪，转身离开。豫让自知必死无疑，对赵襄子喊道："大人且慢，上次您饶了我一回，天下都知道您仁德的美名，我今天本来也应该束手就擒，但有个不情之请，希望您答应。"见赵襄子停住了脚步，豫让继续说道："大人，如果可以的话，能给我一件您的衣服吗，让我用剑刺您的衣服，算是为智伯报了仇，这样我也死而无憾了，虽然这个要求很无礼，我不敢奢望您答应，但我还是要把心愿说出来。"赵襄子钦佩豫让的这份赤胆忠心，他真的将自己的一件衣服交给了豫让。豫让拔出宝剑，一跃而起，狠狠地用剑刺中襄子的衣服，然后他长叹一声："我可以去九泉之下报答智伯了！"说完就用手中的宝剑自刎而死。豫让的义举很快传遍赵国，很多人都为他流泪。

豫让的行刺挡不住滚滚向前的历史车轮，但他的事迹也成了我们民族历史中的一部分，他的侠肝义胆不仅获得对手和世人的敬佩，更将为我们后人所称颂。

文化常识

漆身为厉——春秋时代就有油漆么?

《刺客列传》中记载,豫让为了改变形貌,在第二次行刺前"漆身为厉,吞炭为哑,使形状不可知。"所谓"漆身为厉"也记作"漆身为癞",就是用漆涂身体,让皮肤溃烂。我们不禁产生疑问,春秋时代就有油漆么?漆涂到身体上真的会烂皮肤么?

先认识一下什么是"漆"。天然的漆称之为"生漆",是一种可从漆树中割采到的乳白色液体,但接触空气后迅速转变为褐色,数小时后表面干涸硬化。生漆具有耐腐、耐磨、耐热、隔水等特性。早在新石器时代,我国古人就观察到自然分泌的漆,并学会种植和采集生漆,利用漆的特性涂抹在食具等日常用具上,制作漆器。到了春秋战国时代,漆器制作迎来大发展,古人开始将桐油加入生漆,获得了更好的使用效果,这也是"油漆"一词的源头。春秋战国时期,漆树已是我国古人重要的经济作物。《史记》中记载庄子曾经是"漆园吏",即管理漆树园的官吏,可见当时漆树已有相当的种植规模。

那么,漆涂到身上会怎样呢?无论生漆或油漆,如果不小心沾到人的皮肤上,会引发红肿、生出疙瘩并溃烂,严重的甚至会引发头痛、发烧、腹泻乃至肾衰竭等症状。因而,古人很早就有"漆树咬人"的经验传下来。经现代科学研究,这是由漆中包含的一种叫"漆酚"的物质引发的过敏症状,目前医学上认为,漆酚过敏是一种变应性接触性皮炎反应，或称"漆疮""生漆皮炎"等，每年全球都有很多人因为各种原因遭受漆酚过敏。

在人类用漆的漫长历史中，豫让可能是主动利用"漆酚过敏"的少数案例了。为了报仇，甘愿忍受漆疮的巨大痛苦，让我们更能体悟"士为知己者死"中舍身取义的强大力量。

原文选读

《史记·刺客列传》选段

豫让曰："臣闻明主不掩人之美①，而忠臣有死名之义。前君已宽赦臣，天下莫不称君之贤。今日之事，臣固伏诛②，然愿请君之衣而击之焉，以致报仇之意，则虽死不恨。非所敢望③也，敢布腹心④！"于是襄子大义⑤之，乃使使⑥持衣与豫让。豫让拔剑三跃⑦而击之，曰："吾可以下报智伯矣！"遂伏剑自杀。

注解

①美：美德。②伏诛：接受死罪。③望：奢望。④布腹心：说出心里的话。⑤义：以……为义。⑥使使：派使者。⑦跃：跳起来。

齊國田氏篇

"齐国田氏"字形：汉隶

齐国田氏篇 人物关系图

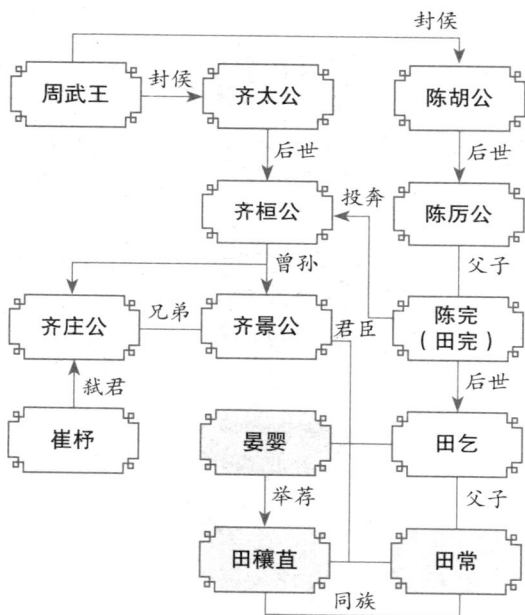

周武王 --封侯--> 齐太公
周武王 --封侯--> 陈胡公

齐太公 --后世--> 齐桓公
陈胡公 --后世--> 陈厉公

陈厉公 --投奔--> 齐桓公
陈厉公 --父子--> 陈完（田完）

齐桓公 --曾孙--> 齐景公

齐庄公 --兄弟--> 齐景公

崔杼 --弑君--> 齐庄公

齐景公 --君臣--> 陈完（田完）

陈完（田完）--后世--> 田乞

晏婴 田乞

晏婴 --举荐--> 田穰苴

田乞 --父子--> 田常

田穰苴 --同族--> 田常

28. 晏婴——准确预言的旁观者

晏婴即晏子，他先后侍奉齐灵公、齐庄公、齐景公三位
齐侯。本篇讲述齐国田氏，我们先通过晏婴这一人物，了解
一些相关的历史背景，从晏婴这一旁观者的角度，观察齐政
归于田氏这一历史趋势的确立过程。晏婴的事迹主要记载在
《齐太公世家》《田敬仲完世家》《管晏列传》等篇中。

崔杼弑庄公

晏婴辅佐的第一位齐君是齐灵公。灵公是春秋霸主齐桓
公的孙子，但他可没有当年爷爷的雄风。有一年，晋军来犯，
齐军大败，灵公本应重整旗鼓，但他却先逃回了都城，晏婴
劝阻不了，叹道："君侯也太没勇气了吧！"君不像君，这是
齐国衰败的迹象。

齐灵公去世后，庄公继位，这是一位崇尚勇力的国君，
崔杼、晏婴、田文子等都是他的臣子。齐庄公身为国君，却
看上了崔杼的夫人，崔杼只能忍气吞声，但暗中准备加害庄
公。这一天，庄公又跑去崔家找崔杼的夫人，夫人和崔杼躲
进内室，关门不出。庄公却依然赖着不走，还靠在外面的廊

柱上唱起了歌，丝毫没有觉察到自己已经身处险境。这时，一群手持武器的人突然冲了出来，他们是崔杼安排来杀庄公的，庄公见势不妙，想要翻墙逃跑，终究还是被当场杀害了。晏婴闻讯赶到崔杼家，他径直走到庄公的尸体旁，哀伤得跺脚大哭。因为晏婴很得民心，崔杼也不敢加害他。没过多久，崔杼掌控了局势，扶立庄公的弟弟景公继位。臣不像臣，可以弑君又立君，崔杼之乱是卿族控制齐侯的典型。

当时的齐国太史记录下"崔杼弑庄公"的事实，崔杼立刻把太史杀了。太史的弟弟接任后仍然记录下"崔杼弑庄公"，崔杼又把他杀了。下一位接任的是太史家最小的弟弟，他还是秉持太史的职责，记录下了和哥哥们一样的文字。这回，崔杼倒有些畏缩了，终于没再杀害他。

晏婴谏景公

齐景公继位后，任命崔杼和庆封分别为左、右相。但不久，两位权臣间发生矛盾，崔杼身败名裂，庆封独揽朝政。庆封也没能高兴多久，很快他遭到儿子的背叛，他联合齐国的田氏、鲍氏、高氏、栾氏这些卿族一起将庆封赶出了国。

经过一系列的变乱，齐景公慢慢巩固了君位。景公很尊敬晏婴，对晏子言听计从，不过他生活奢靡，频繁地劳民伤财，大兴土木。当时的田氏家族在田乞（即田厘子）领导下，很重视民心民意。田氏向百姓收取粮食赋税时，称取用的是小容量的斗，但到了发放粮食给百姓时，用的却是大容量的斗。百姓从田氏那里获得的多但交纳的少，自然对田氏感恩戴德。

晏婴看到田氏的做法，虽然也为百姓获益感到高兴，但他又为齐国的未来感到担心。晏婴曾多次劝谏景公说，向百姓施仁义、布恩德，本来应该是国君的职责，这不能由旁人代劳。但齐景公并不在意，他既不愿去关心百姓的疾苦，也不愿去干涉田氏的行为，反而觉得有晏子这样的良臣为自己主政，有田氏这样的家族为他安抚百姓，对他来说很省事。

有一回，晏婴出使晋国，他对晋大夫叔向感叹说："齐国的国政最终将归于田氏吧。"他清楚地看到齐国的形势，明白民心所向，众望所归的道理。齐君贪图享受，而田氏处心积虑。当局者迷旁观者清，晏婴的话果然一语成谶，预言了田氏代齐的结局。

晏婴的"春秋"

《史记》的《管晏列传》是齐国的两位贤相——管仲和晏婴的一篇合传。当时司马迁所看到的《晏子春秋》等古籍对晏婴的记述非常详细，所以他在《管晏列传》中没有重复选录那些古籍中的文字，而只记了古籍中没有的，可做补充的两个小故事。

第一个是关于晏婴和越石父的故事。越石父是一位贤人，却受屈为奴，晏婴在路上遇见他，用自己的一匹马为他赎身，又驾着马车载他回家。回到家后，晏婴忘了跟越石父告辞就回内室去了。越石父于是请求与他绝交，晏婴很惊讶。越石父说："你因为了解我才出手相救，你就是我的知己，但你却不以礼待我，那还不如让那些不了解我的人，继续把我绑着为奴好了。"晏婴立刻向越石父道歉，并把他奉为上宾。

另一个故事讲的是晏婴的车夫。这个车夫高大威武，为国相晏子驾车，觉得自己很了不起。但他的妻子却要离开他，妻子对他说："晏子身材虽然矮小，但他是天下闻名的齐相，他坐在车上的神情举止却那么谦恭有礼。而你呢，只是为他驾车的仆人，反而终日得意扬扬，举止傲慢轻佻，我实在看不下去了。"这位车夫听了妻子的话后，开始约束自己的举止，逐渐变得谦恭起来，后来他得到了晏婴的赏识和提拔。

这两个小故事体现了晏婴在生活中平易近人、礼贤下士的特质，"世家"中记录的多为历史事件，因而其中的晏婴形象是头脑清晰、勇于纳谏、爱民如子，两者前后形成了一种互补。司马迁在《管晏列传》的最后感叹道："晏子如果活到今天，我即使为他挥鞭驾车，也是倍感荣幸的美事啊！"太史公俨然是晏子的忠实"粉丝"。我们如果觉得《史记》里晏子的故事太少，也可以和太史公一样读一读《晏子春秋》，说不定晏子又要多一枚"忠粉"了。

🌀 文化常识

太史——小官也能成为伟人

在《齐太公世家》"崔杼弑庄公"的故事中，又一次出现了"太史"这一官名。本书之前的篇目中，"太史"已出现了两次：一次在"晋文公"故事中，由于太史的忠实记录，使得周成王假戏真做，将唐地封给了弟弟叔虞，表现了"天子无戏言"；另一次是在"赵盾"的故事中，太史董狐不畏强权，坚持记录下"赵盾弑其君"。而在本篇故事中，为了记录"崔杼弑庄公"这个事实，两位齐太史献出了生命。那么，"太史"究竟是什么官职呢？

春秋时期，周室及各诸侯都有自己的太史官，他们的职责包括为天子、诸侯起草文书、记载史事等，除此以外，他们也负责天文历法、祭祀、占卜等工作。因此，太史虽然不是朝廷的大官，却是统治者不可缺少的辅臣。上观天象，下记人事的太史们，他们也自认背负了天命，必须以记录史实为己任。以上这几位太史，他们对待自己职务的态度，令人敬佩。

根据一些史书的记载，太史的职务应该是世袭的，一般在一个家族中的父亲、兄弟之间传承。比如本故事中，齐太史家的兄弟三人，先后作为太史记录了"崔杼弑庄公"，由此可推测，他们的父亲可能也曾是太史，真可谓是"全家太史官，满门硬骨头"了。

《史记》的作者司马迁，也许是我们最为熟悉的太史。司马迁的父亲司马谈是汉武帝时的太史令，司马谈去世后，司马迁继承了父亲的职位。司马迁也继承了秉笔直书的太史传统，后来因为仗义执言而被施以腐刑，即便如此，他仍坚持整理史料，编写成了万世不朽的《史记》。同时，司马迁作为太史，也负责天文历法的工作，他倡导并参与制定了汉武帝太初元年（公元前104年，"太初"是汉武帝统治时期的年号之一）颁行的"太初历"，这是中国历史上非常重要的一部历法，在当时乃至后世都产生了重大的影响。

秦汉之后，原先太史官掌管的记史与历法的工作渐渐被分化了，后世各朝都有不同的部门和名称，但中华民族修史的传统却从未停止，历朝历代都有史书。其中的二十四部正史合称《二十四史》，都采用纪传体形式，《史记》是《二十四史》中的第一部。这些史书都是值得我们骄傲和珍惜的历史文化遗产。

🌀 原文选读

《史记·管晏列传》选段

晏子为齐相，出，其御①之妻从门间而窥其夫。其夫为相御，拥大盖，策驷马②，意气扬扬，甚自得也。既而归，其妻请去③。夫问其故。妻曰："晏子长不满六尺，身相齐国，名显诸侯。今者妾观其出，志念深④矣，常有以自下⑤者。今子长八尺，乃为人仆御，然子之意自以为足，妾是以求去也。"其后夫自抑损⑥。晏子怪⑦而问之，御以实对⑧。晏子荐以为大夫。

🌀 注解

①御：驾驭马车的车夫。②驷马：拉一辆车的四匹马。③去：离开，这里指断绝夫妻关系。④深：深沉。⑤以自下：甘居人下，此指神情举止谦恭。⑥抑损：低调谦虚。⑦怪：感到奇怪。⑧对：回答。

29. 田穰苴——创建功勋的同族人

《史记》中有一篇《司马穰苴列传》，其中记述的人物是田穰苴，他也是齐国田氏一族，不过他是田氏庶出的旁支，并非宗族领袖。田穰苴因战功被齐景公任命为大司马，因此在《史记》中称其为"司马穰苴"。

唯才是举　晏婴荐穰苴

举荐田穰苴给齐景公的不是别人，正是晏婴。

当时，齐国正遭受两线的外敌入侵：晋国从齐国西部进攻东阿、甄城两地，燕国也趁机从北方入侵。齐军连续吃了败仗，形势非常紧急，晏婴举荐田穰苴给景公说："田穰苴虽然是田氏的庶子，地位并不高贵，但他能文能武，颇有真才实学，君侯何不命他领军御敌？"当时，领导田氏的是田乞，田穰苴只是田氏家族中名不见经传的人物，晏婴不忌讳他是田氏族人，也不在乎他出身高低，真是唯才是举、大公无私。

齐景公很快召见了田穰苴，准备任命他为将军奔赴前线指挥作战。田穰苴说："我没有什么地位，只是一介平民，君侯把我一下子提拔为将军，职位比那些卿大夫还要高，我怕自己人微言轻，百姓们不会信服我，士兵们也不会听从我的命令，所以我请求您指派一位亲信大臣，作为监军，与我一同前往军中赴任，这样事情就好办了。"齐景公同意了他的请求，并指派自己的宠臣庄贾前往军队中做监军。

军令如山 穰苴斩监军

田穰苴赴任前与监军庄贾约定说："明天正午时，我们在军营门前见。"

第二天，田穰苴早早地驾了马车来到军营中，他一边立下木表和漏刻计时，一边等待庄贾。庄贾是国君的宠臣，自恃位高权重，素来骄傲轻慢，听说他要去军中赴任，亲朋好友都来为他摆宴饯行。庄贾去做监军，觉得军中都是自己说了算，于是不管约定的时间，留下来与亲友们一起酒宴。

中午约定的时间已过，庄贾还没来军中报到。田穰苴命人撤了木表和漏刻，自己召集了将士们，向他们发号施令，申明军纪军规。到了傍晚，庄贾才姗姗来迟，一进军营就向田穰苴抱歉说因为推不掉饯行宴，所以给耽搁了。田穰苴正色道："大人您应该知道，我们受命为将那一刻起，就该忘了自己的家庭；听到军令那一刻起，就该忘了自己的亲人；战鼓擂响那一刻起，就该忘了自己的生命。现在敌军入侵，生死存亡之际，士兵在前线英勇献身，国君在后方寝食难安，举国上下的安危全部托付在你我身上，你却说因为饯行而误时，这能算是理由吗？"说完，田穰苴向军中执法官大声问道："延误军期，违反军法，该当何罪？"执法官回答："当斩！"

庄贾早已被吓得魂不附体，听到他将被问斩，庄贾的手下连忙驾车回去找景公救命。但为时已晚，行刑官将庄贾拉了出去，即刻问斩。全军将士见到新任的监军居然被斩首了，所有人都被震慑了。

率军凯旋　景公迎司马

不久，齐景公的使者火急火燎地驾车驰入军营中，他拿着赦免的符节来救庄贾，田穰苴见了说："将领在军中，国君的命令可以不接受。"他又指着使者问执法官："未经允许，此人在军中驾车乱驰，该当何罪？"执法官回答："当斩！"使者一听吓坏了，连声求饶，田穰苴补充说："虽然……国君的使者不能被斩，但是犯的罪不可赦免。"于是，他下令将使者的仆人问斩，将马车的左边立木拆掉，将马车左边的马匹杀掉，以此抵使者的罪，并警示全军。田穰苴让使者回复景公，自己则立刻率领全军开赴前线。

田穰苴治军严格、军令如山，平时与士兵相处时却冷暖与共，他拿出自己的物资分给需要的士兵，也准许身体羸弱的士兵修养痊愈后再上阵。很快，士兵们都从心底里敬畏这位将军，个个士气昂扬，人人奋勇争先。晋国和燕国的军队听说齐军有了新帅，而且士气正高，全都主动撤退，避其锋芒，田穰苴趁机展开追击，将齐国的失地全部收复。齐军凯旋之日，景公率领文武大臣远赴郊外迎接，大大地犒赏了全军将士。经此一役，田穰苴救国于危难之际，战功彪炳，齐景公拜他为大司马，让他掌管齐国的军权。

然而，作为田氏族人，田穰苴掌握大权，引起了鲍氏、高氏、国氏等齐国其他大家族的忌惮，他们不断向齐景公进谗言，诬陷田穰苴，直至景公罢免了他。田穰苴不久就生病去世了，但他的死，并没有减慢田氏占有齐国的步伐。

🈵 文化常识

驸骖——古代的马车什么样？

本故事中，齐景公的使者乘着马车擅闯军营，罪当问斩，但田穰苴斩了他的仆人，以及"车之左驸，马之左骖"。什么是驸和骖呢？我们需要了解一些关于春秋时代的马车的知识。

春秋时，古人无论日常交通或者军事战斗，利用马的形式都是马车。驾驭马车是贵族阶层男子必须掌握的本领之一，儒家"六艺"中的"御"指的就是驾驭马车的技能。

春秋战争中，一辆马车一般由4匹马拉动，即称为"驷"，左、右两边的马称为"骖"，中间的两匹马称为"服"，所以左边的马称为左骖。马车上一般配备三名武士，驾驭马车的驭手居中，左、右各有一名手持剑戈、弓箭等武器的武士，马车上的武士或站立或跪坐，并依靠扶手保持平衡。在作战中，一辆战车还会配备数十名步兵跟随作战，与车上的贵族武士不同，步兵一般是由平民担任的。这样的一辆战车称为"乘（shèng）"，每一辆战车与随车作战的步兵一起组成了一套车战单位。因此古时用"千乘之国""万乘之国"来指代那些军事力量强大的诸侯。

马车上的车厢、轮子、立木、扶手等都有特定的名称。本故事中"左驸"的驸，通"辅"，指的是车厢外的立木。驸也可以解释为备用马或拉副车的马。后世对皇帝女婿的"驸马"称呼，则来源于汉代掌管副车的官职名称"驸马都尉"，这个官职中的"驸"是副车的意思。另外，我们熟悉的宋代文学家苏轼，他的名字中的"轼"指的是马车前的扶手横木，而他的弟弟苏辙名字中的"辙"，是车驶过后留在地面的印记，并不是马车上的部件。古代马车的知识还真是不少，有兴趣的读者可以对它展开更深入的探索。

原文选读

《史记·司马穰苴列传》选段

久之，景公遣使者持节①赦贾，驰入军中。穰苴曰："将在军②，君令有所不受③。"问军正④曰："驰三军法何⑤？"正曰："当斩。"使者大惧。穰苴曰："君之使不可杀之。"乃斩其仆，车之左驸⑥，马之左骖⑦，以徇⑧三军。遣使者还报⑨，然后行。

注解

①节：符节。②军：军营、军队。③受：接受。④军正：监督军法的士兵。⑤法何：军法的规定是什么，这里指以什么军法条例进行处罚。⑥左驸：马车车厢左边的立木。⑦左骖：马车左边的马，古时马车有三或四匹马拉，左边的为左骖，右边的为右骖。⑧徇：巡行，此指巡行三军示众。⑨还报：退回禀报。

30. 田常——夺取齐政的谋略家

　　《史记》中记述齐国诸侯世家的篇目有两篇：其一为《齐太公世家》，记述了从太公望吕尚直至齐康公一系的姜姓齐君，其二为《田敬仲完世家》，记述了田氏先祖陈完直至齐王建一系的田氏齐君。两篇在主要内容上互有衔接，齐康公去世后，姜姓吕氏的齐室绝祀，这时代替他们统治齐国的是妫姓田氏，周天子封田和为齐侯，历史上称之为"田氏代齐"（也称为"田陈篡齐"），这也是中国历史进入战国时代的标志性事件之一。

　　那么，齐国的田氏家族是如何在齐国立足、发展、壮大，并最终取代姜姓齐君的呢？我们一起通过田常（田常原名为田恒，司马迁写《史记》时，因避讳汉文帝"刘恒"名，故将"恒"改为"常"）这位人物一窥究竟。

陈完奔齐

　　陈完是陈国的王族公子，因为陈国内乱而逃亡齐国避难，陈国王族都是妫姓陈氏，陈完奔齐后改氏，"陈完"变成"田完"，他的后代就变为妫姓田氏。陈完逃到齐国时，正值齐桓公在位的第十四年。齐桓公很器重田完，想封他做卿，田完谢绝了，后来桓公任命他做了工正一职。田完娶了齐国卿大夫懿仲的女儿，从此在齐国成家立业。

田完去世以后，谥号为敬仲，因此《田敬仲完世家》中的"田敬仲完"这一称呼是在田完的名字中加了谥号。田完的曾孙——田须无（即田文子），他曾和晏婴一同侍奉过齐庄公。田文子死后，他的儿子田无宇（即田桓子）继承他的爵位，田无宇有勇力，齐庄公很宠信他。田桓子死后他的儿子田开（即田武子）、田乞（即田厘子）相继成为田氏的首领。齐景公在位时，田乞用大斗放贷、小斗收回的方式给百姓以实惠，获得百姓的爱戴，而齐景公生活奢靡，劳民伤财，对百姓的疾苦漠不关心。于是，民心渐渐依附于田氏，田氏不断强大，对此，晏婴曾预言说："齐国的政权最终要属于田氏了。"这个预言很快变为现实，随着晏婴、齐景公相继去世，田乞以及他的儿子田常接下来相继独揽了齐政。

独揽齐政

齐景公去世后，国相高昭子、国惠子拥立景公的儿子晏孺子为齐君，但田乞想要立景公的另一个儿子阳生为齐君，因为阳生与田乞关系亲密。田乞表面上没有反对高、国二相，但他拉拢齐国其他贵卿一起孤立高、国两家，终于成功消灭了两家的势力，赶跑了齐君晏孺子。田乞从鲁国秘密接回了避难的阳生，并胁迫大夫鲍牧和自己一起拥立阳生为齐君。阳生继位后即是齐悼公，他立刻任命田乞为相，田乞由此掌握了齐国实权。然而仅过了四年，田乞就去世了，他的儿子田常（即田成子）继承了他的爵位，成为田氏的首领。

鲍牧与齐悼公有矛盾，田乞去世后，他伺机杀了悼公，齐国众卿立悼公的儿子为齐君，即齐简公。齐简公任命田常、监止分别为左、右相，共同辅政。但齐简公更加信任监止，给了他更多权力，田常对此愤恨不平。齐简公在位的第四年，田常与监止两大家族的矛盾终于激化，田常一举攻灭了监止一族，并派人杀了齐简公。简公一死，田常立简公的弟弟为齐君，即齐平公，田常被任命为齐相，成为独掌齐国朝政的实权人物。

田氏代齐

田常掌权后，展开全面行动巩固权力。一方面在外交上，他与其他诸侯积极建立友好关系，归还了邻国鲁、卫的土地，并与晋国的赵、韩、魏三家议和，与吴、越互通使者；另一方面在内政上，田氏多行封赏、安抚百姓，使齐国社会摆脱内乱，逐渐趋于安定。最后也是最为关键的环节，田常对上限制了齐平公的权力，对下逐步消灭了鲍氏、晏氏等齐国卿族的势力，将吞并的领地全部分封给田氏族人，几年下来，田氏管理的土地比齐平公管理的还要多。从此，齐国上下都成了田常的囊中之物，齐政几乎全部归于田氏，齐平公成了一个被田常摆布的傀儡。

田常去世后，他的儿子田盘（即田襄子）继任齐相，此时田氏子弟已经担任了齐国众多城邑的大夫，田氏几乎控制了齐国全境。襄子去世后，儿子田白（田庄子）、孙子田和相继成为齐相。

齐平公、宣公相继去世后，齐康公继位，田和把他迁居到了海边，只给他一座城作为食邑继续祭祀祖先。康公在位第十九年，周天子封田和为齐侯，从此妫姓田氏正式成了周室的诸侯、齐国的君主，虽然国号仍为齐，但齐国已经变成了"田齐"。齐康公七年后去世，原来由太公吕尚开始的齐国姜姓吕氏一族绝祀了。

两个时代，两个"齐桓公"

田和成为齐侯两年后就去世了，他的谥号也被称为"齐太公"，他的儿子田午继承了君位，他的谥号是"桓"。因此，田午也被称为"齐桓公"，但这个"齐桓公"与本书开篇那位春秋霸主"齐桓公"完全是两个人，他们分属于"春秋"和"战国"两个时代。

从第一个"齐桓公"开始，以第二个"齐桓公"结尾，"春秋"的《史记》人物故事就此结束了，让我们在下一册书中，继续"战国"时代的《史记》人物故事吧！

🌀 文化常识

"春秋"结束于哪一年？

"春秋"和"战国"并不是改朝换代后的称呼，没有王朝落幕，也没有新帝登基，那么究竟划定哪一年作为春秋时代的结束呢？自古文人学者也没有能够统一意见。目前大致存在以下几种不同的观点。

一种是以《春秋》这部鲁国史书的时间记录为依据。就像本书序章中曾解释"春秋"名称由来，《春秋》一书记录了从鲁隐公元年（公元前722年）到鲁哀公十四年（前481年）共242年的大事。后世的学者为了记录的方便，将周平王元年（公元前770年），到周敬王四十四年（公元前476年），一共295年的历史称为"春秋"。所以按这一说法，"春秋"结束于公元前476年。

另外几种观点都与晋国的历史事件有关。其一，认为"春秋"时代结束的时间是赵、韩、魏三家攻灭智氏这一事件的时间（即公元前453年）；其二，以赵、韩、魏三家被周天子正式封为诸侯为"春秋"结束的标志（即公元前403年），宋代司马光的编年体史书《资治通鉴》就是从这一事件开始编写的；另外也有学者以公元前376年为"春秋"和"战国"的分水岭，因为在这一年末代晋侯被废，赵、韩、魏三家彻底将晋瓜分。这几种观点虽然时间上差异不小，但基本围绕的都是"三家分晋"这一重大历史事件进行划定的。

"田氏代齐"发生在公元前379年，虽然时间上已进入战国时代，但这一历史事件与"三家分晋"有一个共同点，那就是卿族对诸侯公室的"下克上"，只是卿族数量不同：晋被三家瓜分，而齐被田氏一家取代。随着社会、经济、教育等各方面因素的发展，诸侯、卿与士的力量也在发生着变化，因而在接下来的战国时代，不仅是国与国之间的残酷战争，更是各国内部诸侯、卿、士之间的合作与较量。

原文选读

《史记·田敬仲完世家》选段

田厘子乞①事齐景公为大夫，其收赋税于民以小斗受②之，其禀予③民以大斗，行阴德④于民，而景公弗禁。由此田氏得齐众心，宗族益强，民思田氏。晏子数谏景公，景公弗听。已⑤而使于晋，与叔向私语曰："齐国之政其卒⑥归于田氏矣。"

注解

①田厘子乞：田厘子为谥，乞为名，此即田乞。②受：收受，接受。③禀予：给予。④阴德：暗中的恩德，此指暗中给百姓恩德。⑤已：不久之后。⑥卒：最终，最后。